Kapitalmarkteffizienz aus der Perspektive evolutorischer Ökonomik

Europäische Hochschulschriften

Publications Universitaires Européennes
European University Studies

Reihe V
Volks- und Betriebswirtschaft

Série V Series V
Sciences économiques, gestion d'entreprise
Economics and Management

Bd./Vol. 2520

PETER LANG
Frankfurt am Main · Berlin · Bern · Bruxelles · New York · Wien

Joachim Coche

Kapitalmarkteffizienz aus der Perspektive evolutorischer Ökonomik

PETER LANG
Europäischer Verlag der Wissenschaften

Die Deutsche Bibliothek - CIP-Einheitsaufnahme

Coche, Joachim:

Kapitalmarkteffizienz aus der Perspektive evolutorischer Ökonomik / Joachim Coche. - Frankfurt am Main ; Berlin ; Bern ; Bruxelles ; New York ; Wien : Lang, 1999
(Europäische Hochschulschriften : Reihe 5, Volks- und Betriebswirtschaft ; Bd. 2520)
Zugl.: Osnabrück, Univ., Diss., 1999
ISBN 3-631-35486-X

D 700
ISSN 0531-7339
ISBN 3-631-35486-X

Für Tamara und meine Eltern

Inhaltsverzeichnis

Abbildungsverzeichnis

Tabellenverzeichnis

Kapitel 1

Einführung

1.1 Fragestellung

Vorherrschendes Paradigma der Kapitalmarkttheorie ist das Konzept der rationalen Erwartungen. Modelle mit rationalen Erwartungen basieren auf der Vorstellung, daß die Individuen ihre Erwartungen endogen auf Basis des „richtigen" Modells der Wirtschaft bilden. Die Verarbeitung von exogenen Informationen zu Erwartungen ist nicht *ad hoc* sondern ein Teil des Gleichgewichtskonzepts (Admati 1989, S. 140). Rationale Erwartungen setzen voraus, daß die Individuen das „richtige" Modell der Wirtschaft sowie alle historischen und aktuellen Realisationen der Modell-Variablen kennen und daß sie in der Lage sind, die Modell-Parameter und die exogenen Variablen verzerrungsfrei zu schätzen (Carter und Maddock 1984, S. 105). Eine Implikation dieser neoklassischen Ansätze ist die Effizienz der Kapitalmärkte.

In Abhängigkeit von der Komplexität der betrachteten Modelle kann zwischen einer starken und einer schwachen Form der Kapitalmarkteffizienz unterschieden werden (Fama 1991, S. 1575). Unter der Annahme, daß weder mit der Nutzung von Informationen noch mit dem Handel der Aktiva Kosten verbunden sind, spiegeln die Aktiva-Preise stets sämtliche den Marktteilnehmern zur Verfügung stehenden bewertungsrelevanten Informationen wider (starke Form). Berücksichtigen die Modelle Transaktions- und Informationskosten, reflektieren die Preise die Informationen insoweit, daß unter Ausnutzung der Informationen keine Handelsgewinne erzielt werden können (schwache Form). Handelsgewinne bezeichnet die risikobereinigten Erträge abzüglich aller Kosten (Jensen 1978, S. 96).

Die Implikation effizienter Preisbildung kann allerdings durch eine Vielzahl empirischer Studien nicht gestützt werden. Eine Reihe von Arbeiten zeigen die Prognostizierbarkeit von Aktivaerträgen auf der Basis historischer Preise und weiterer veröffentlichter Information auf. Risikobereingte Handelsgewinne scheinen auch nach Transaktionskosten und Kosten der Informationsbeschaffung existent zu sein. Weitere Widersprüche werden dadurch aufgeworfen, daß die Varianzen der Erträge an tatsächlichen Märkten höher sind, als sie bei rationalem Verhalten der Individuen zu erwarten wären. Darüber hinaus stehen die an den Finanzmärkten zu beobachtenden hohen Handelsvolumina nicht im Einklang mit den Modellen auf Basis rationaler Erwartungen.

Zur Erklärung dieser Anomalien werden seit Mitte der achtziger Jahre Finanzmarkt-Modelle konstruiert, die sich von der Vorstellung risikoaverser, stets den Erwartungsnutzen optimierender Agenten aus dem Konzept der rationalen Erwartungen lösen. Für diese Klasse der Modellierung wird der Begriff *Behavioral Finance* geprägt (DeBondt und Thaler (1994) und Shiller (1997)). Kennzeichen ist die *ad hoc*-Definition von Verhaltensweisen für einzelne Anlegergruppen. Heterogenitäten in den Populationen beruhen nicht nur auf Unterschieden in den Präferenzen oder in den Informationsständen, sondern zusätzlich auf heterogenen und damit auch suboptimalen Verhaltensweisen der Marktteilnehmer.

Die Grenzen dieser Ansätze scheinen in der Modellierung von Verhaltensrevisionen zu liegen. Den Marktteilnehmern stehen entweder keine Verhaltensalternativen zur Verfügung, oder die Auswahl ist auf eine Menge von *ad hoc* definierten Verhaltensweisen begrenzt. Stehen Verhaltensalternativen zur Verfügung, so sind diese entweder allesamt suboptimal, oder die Entscheidungsregel zur Auswahl zwischen den Alternativen ist fehlspezifiziert. Die Marktteilnehmer erkennen, auch langfristig, die Fehlerhaftigkeit ihres Handels, sei es auf der Ebene der Erwartungsbildung und Allokationsentscheidung oder auf der Ebene der Beurteilung ihres Verhaltens zur Erwartungsbildung bzw. Allokationsentscheidung, nicht. Den Marktteilnehmern wird nicht zugestanden, *ex post* die Güte ihres Verhaltens richtig zu beurteilen.

Im Rahmen dieser Arbeit soll ein *evolutorisches* Kapitalmarktmodell mit einer expliziten Formulierung der Erwartungsbildung und der Allokationsentscheidung entworfen werden. Der Definition evolutorischer Ökonomik von Witt (1987, S. 11) folgend, erfolgt die Modellierung des Verhaltens der Marktteilnehmer als ein dynamischer, irreversibler Prozeß, dessen wesentliches Element die *Neuerung* ist. Der Begriff Neuerung soll in diesem Zusammenhang die Einführung einer bisher nicht angewandten Verhaltensweise in der Erwartungsbildung und der Allokationsentscheidung durch ein Individuum bezeichnen.

Marktteilnehmern stehen in loser Analogie zum Konzept der Organisation von Nelson und Winter (1982). Aufbauend auf den Arbeiten aus dem Bereich der behavioristischen Theorie von Simon (1967) sowie Cyert und March (1963) kombinieren Nelson und Winter organisationstheoretische Elemente und Elemente aus dem biologischen Evolutionsmodell zur Erklärung des Verhaltens von Organisationen. Das evolutorische Kapitalmarktmodell bedient sich zur Abbildung der Erwartungsbildung und Allokationsentscheidung einer Reihe der von Nelson und Winter entwickelnten Vorstellungen.

Die Erwartungsbildung und Allokationsentscheidung der Marktteilnehmer wird mit Hilfe von Routinen abgebildet. Routinen sind als regelmäßige, vorhersagbare Verhaltensmuster definiert. Jeder Marktteilnehmer verfügt über eine Anzahl alternativer Routinen. Die Routinen mit der höchsten erwarteten Qualität werden aktiviert und bestimmen das tatsächliche Verhalten der Marktteilnehmer. In Abhängigkeit von den erwarteten Qualitäten imitieren die Marktteilnehmer Verhaltensweisen von Mitbewerbern oder entwickeln neue Ansätze. Auf Basis der Erwartungsbildung und Allokationsentscheidung werden Kauf- und Verkaufsaufträge für die einzelnen Aktiva erteilt. Die Aufträge werden gesammelt, um auf Kassamärkten markträumende Gleichgewichtspreise zu bestimmen.

Die Marktteilnehmer überprüfen laufend die historische und die erwartete Qualität ihrers Handelns. Auch wenn die optimalen Verhaltensweisen aufgrund nur begrenzter Informationen und Rechenfähigkeit nicht gefunden werden oder Verhaltensweisen aufgrund sich ändernder Umweltbedingen nicht dauerhalt optimal sein können, so sind die Markteilnehmer doch ständig auf der Suche nach Ansätzen mit höheren erwarteten Qualitäten. Auch wenn Unsicherheit darüber herrscht, welches die „richtigen“ Ansätze zur Erwartungsbildung sind, werden die Marktteilnehmer im Unterschied zu Modellen aus der Behavioral Finance nicht an Verhaltenseisen festhalten, die sich *ex post* als fehlspezifiert herausstellen.

Zielsetzung dieser Arbeit ist die Untersuchung der Frage, ob und wenn ja unter welchen Bedigungen sich eine effiziente Preisbildung als eine *Implikation* des entworfenen evolutorischen Modells ergibt[1].

Im Modell erfolgen auf die Aktiva keine Zins- oder Dividendenzahlungen. Ausschließliches Motiv der Marktteilnehmer zum Kauf eines Aktivums ist die Erwartung, in der Zukunft einen höheren Preis für dieses Aktivum zu erzielen.

[1]Es wird nicht beabsichtigt die Effizienz tatsächlicher Märkte zu untersuchen. Eine Darstellung empirischer Arbeiten zur Untersuchung der Kapitalmarkteffizienz erfolgt beispielsweise in Fama (1991). Fama unterteilt die empirischen Arbeiten in Tests auf die Vorhersagbarkeit von Aktivaerträgen, Ereignisstudien und Tests auf private Informationen. Auf Ineffizienzen der betrachteten Märkte wird geschlossen, wenn Erträge auf Basis von öffentlich zugänglicher Information systematisch prognostiziert werden können, wenn Ereignisse wie die Ankündigung von Kapitalmaßnahmen zu Über- oder Unterreaktionen der Aktienkurse der beteiligten Gesellschaften führen oder wenn eine begrenzte Gruppe von Marktteilnehmerm Überschußerträge aufgrund privater Information erzielen kann.

Marktteilnehmer sind Spekulanten im Sinne von Kaldor/Keynes, d.h., sie sind bereit, für ein Aktivum mit Wiederveräußerungsrecht einen höheren Preis zu zahlen, als wenn sie verpflichtet wären, dieses Aktivum für immer zu halten (Harrison und Kreps 1978). Infolge fehlender Zins- und Dividendenzahlungen kann für die im Modell gehandelten Aktiva kein Fundamentalwert bestimmt werden. Es ist nicht möglich, Kapitalmarkteffizienz daran zu messen, inwieweit die im Modell bestimmten Preise dem Fundamentalwert entsprechen. Die Effizienz der modellierten Märkte soll im Rahmen dieser Arbeit anhand der folgenden Fragen untersucht werden.

- Nutzen die im Modell betrachteten Marktteilnehmer stets die aktuellsten Informationen?
- Werden historische Preise zur Erwartungsbildung eingesetzt?
- Gibt es Marktteilnehmer, die im Vergleich zu anderen Marktteilnehmer einen höheren Vermögenszuwachs erzielen?
- Können Bedingungen aufgezeigt werden, die im Modell zu einem Steigen der Aktivapreise über alle Grenzen (explodierenden spekulativen Blasen) führen?

Auf Effizienz der konstruierten Modellwelt soll geschlossen werden, wenn stets die aktuellsten Informationen eingesetzt werden, Marktteilnehmer keine historischen Preise verwenden, keine Marktteilnehmer einen erhöhten relativen Vermögenszuwachs erzielen und keine explodierenden spekulativen Blasen beobachtet werden können.

Neben diesen rein theoretischen Betrachtungen soll das evolutorische Modell zur Abbildung des amerikanischen Kapitalmarktmarktes eingesetzt werden. Zur Erwartungsbildung und Allokationsentscheidung werden den Marktteilnehmern empirische Informationquellen zur Verfügung gestellt. Zielsetzung ist hier die Untersuchung der Frage ob das entworfene Kapitalmarktmodell *prinzipiell* zur Prognose der Preisveränderungen von Finanzmarktaktiva herangezogen werden kann. Zur Beurteilung des Ansatzes erfolgt ein Vergleich der im Modell ermittelten Preise werden mit den empirischen Preisen.

1.2 Gliederung

Die Arbeit gliedert sich in drei Teile. Teil I stellt exemplarisch eine Reihe von bekannten Kapitalmarktmodellen vor. Die Entwicklung eines evolutorischen

Kapitalmarktmodells in loser Analogie zum Konzept der Organisation von Nelson und Winter (1982) ist Inhalt des zweiten Teils. Der dritte Teil umfaßt die Anhänge.

Kapitel 2 stellt das Konzept der rationalen Erwartungen vor. Es werden Modelle unter Unsicherheit und mit asymmetrischen Informationen betrachtet. Das dynamische Modell von Lucas (1978) dient als Referenz für das im zweiten Teil der Arbeit zu entwickelnde evolutorische Kapitalmarktmodell. Zur Bewertung der rationalen Erwartungen wird die Konvergenz der Modelle und die unterstellte Rationalität der Marktteilnehmer untersucht. Abschließend werden empirische Studien zu den Annahmen und Implikationen der Modelle mit rationalen Erwartungen angesprochen.

Alternativen zum Konzept der rationalen Erwartungen werden im Kapitel 3 behandelt. Arbeiten aus dem Bereich *Behavioral Finance* lösen sich von der Vorstellung risikoaverser, stets den Erwartungsnutzen maximierender Individuen. Es werden *ad hoc* Verhaltensweisen definiert, die von einem rationalen Optimierungskalkül abweichen können.

Suboptimale Verhaltensweisen werden ebenfalls in Modellierungen unter Verwendung Genetischer Algorithmen und Klassifizierer-Systeme zugelassen. Im Unterschied zu Modellen aus dem Bereich Behavioral Finance bewerten die Marktteilnehmer die historische Leistung ihrer Verhaltensweisen. Langfristig halten die Individuen nicht an fehlspezifizierten Ansätzen fest. Indem Verfahren mit neuen Parameterwerten spezifiziert werden, führen Marktteilnehmer Neuerungen in die Erwartungsbildung und Allokationsentscheidung ein. Modellierungen auf Basis Genetischer Algorithmen und Klassifizierer-Systeme können entsprechend der Definition von Witt (1987) als evolutorische Modellierungen eingestuft werden. Sie lehnen sich eng an das biologische Evolutionsmodell an.

Im zweiten Teil der Arbeit wird ein evolutorisches Kapitalmarktmodell auf Basis des Konzepts der Organisation von Nelson und Winter (1982) entwickelt. Das Kapitel 4 stellt das Modell in den Grundzügen vor. Kapitel 5 vergleicht das Konzept des Modells mit dem Konzept der rationalen Erwartungen sowie mit den Modellierungen unter Verwendung Genetischer Algorithmen und Klassifizierer-Systeme. Mit konkreten Verhaltensweisen wird das Modell in Kapitel 6 spezifiziert.

Die Komplexität des Modells schließt eine analytische Lösung aus. Zur Generierung von Ergebnissen ist unumgänglich ein Rückgriff auf die Methode Simulation erforderlich.

Die Darstellung der Ergebnisse beginnt mit Kapitel 7. Ausgangspunkt der Untersuchung ist eine Ökonomie mit einem risikolosen und einem risikobehafteten Aktivum. Die Erwartungsbildung erfolgt auf Basis der Regressionsanalyse mit exogenen Indikatoren, und zur Allokationsentscheidung wird optimierendes Verhalten eingesetzt. Den Marktteilnehmern stehen die Indikatoren mit unterschiedlichen Aktualitäten (Lags) zur Verfügung. Die aktuellsten Informationen werden im Durchschnitt am stärksten genutzt. Von Zeit zu Zeit kommt es aber zum verstärkten Einsatz von Erwartungsbildungsansätzen auf Basis veralteter Informationen. Die Nutzung der aktuellsten Informationen steigt mit der Suchaktivität der Marktteilnehmer und der Anzahl der den Marktteilnehmern zur Verfügung stehenden alternativen Verhaltensweisen. Eine Konvention in der Erwartungsbildung, im Sinne einer langfristigen Dominanz eines Ansatzes in der Population, bildet sich nicht heraus.

Einen erhöhten relativen Vermögenszuwachs erzielen Marktteilnehmer mit einem Informationsvorsprung und Marktteilnehmer, die zur Berechnung der erwarteten Qualität ihrer Verhaltensweisen die historische Qualität in der jüngeren Vergangenheit stärker gewichten.

Stehen den Marktteilnehmern Preise als erklärende Größen in der Erwartungsbildung zur Verfügung, werden diese weniger stark genutzt als exogene, originäre Informationen. Abschließend wird gezeigt, daß im Unterschied zu den Ansätzen der Behavioral Finance rationales Verhalten in der Allokationsentscheidung suboptimale Verhaltensweisen dominiert.

Inhalt des Kapitels 8 ist die Untersuchung der Stabilität der simulierten Preisentwicklung. Explodierende spekulative Blasen können beobachtet werden, wenn neben der Erwartungsbildung auf Basis der Regressionsanalyse naive Erwartungen zugelassen werden. Die Eintrittswahrscheinlichkeit explodierender spekulativer Blasen steht in einem positiven Zusammenhang zur Intensität der Suchaktivitäten der Marktteilnehmer und in negativer Abhängigkeit zu der Heterogenität der Population. Entgegen den Aussagen dynamischer Modelle mit rationalen Erwartungen können *temporäre* Fehlbewertungen beobachtet werden.

Kapitel 9 beschreibt eine empirische Anwendung des evolutorischen Kapitalmarktmodells. Das Modell wird zur Prognose des amerikanischen Rentenmarktes eingesetzt. Prognosegegenstände sind die Preis-Indizes für zwei-, fünf- und zehnjährige amerikanische Staatsanleihen bei einem Prognosehorizont von einem Monat. Aufgrund der hohen Simulationszeiten kann nur ein geringer Teil der Parameter anhand historischer Daten kalibriert werden. Die übrigen Parameter werden *ad hoc* festgelegt. Trotz dieser Einschränkung können im Vergleich zu einer *naiven Prognose*[2] signifikant höhere Trefferquoten sowie stärkere

---

[2]Naive Prognose in dem Sinne, daß die letzte tatsächliche Veränderung der erwarteten Veränderung der Zielgröße entspricht.

Korrelationen zwischen prognostizierten und empirischen Preis-Indizes erzielt werden. Marktteilnehmer erkennen nach einiger Zeit die Vorteilhaftigkeit von Erwartungsbildungsansätzen auf Basis der Regressionsanalyse. Als Informationsquellen werden verstärkt erwartete Wachtumsraten des Sozialprodukts und erwartete Preisniveauänderungen sowie Geldmengenzahlen eingesetzt.

Teil I

Theoretische Grundlagen und Vorarbeiten

Kapitel 2

Rationale Erwartungen

Modelle mit rationalen Erwartungen basieren auf der Vorstellung, daß die Individuen ihre Erwartungen endogen auf Basis des „richtigen“ Modells der Wirtschaft bilden. Die Verarbeitung von exogenen Informationen zu Erwartungen ist nicht *ad hoc* sondern ein Teil des Gleichgewichtskonzepts (Admati 1989, S. 140). Rationale Erwartungen setzen voraus, daß die Individuen das „richtige“ Modell der Wirtschaft sowie alle historischen und aktuellen Realisationen der Modell-Variablen kennen und daß sie in der Lage sind, die Modell-Parameter und die exogenen Variablen verzerrungsfrei zu schätzen (Carter und Maddock 1984, S. 105). Auf Basis dieses Wissens können verzerrungsfreie Schätzungen der endogenen Variablen gebildet werden.

Die Bedeutung des Konzeptes der rationalen Erwartungen für diese Arbeit ergibt sich daraus, daß es als vorherrschendes Paradigma zur Modellierung von Kapitalmärkten als Referenz für das im Teil II zu entwickelnde evolutorische Modell herangezogen wird.

Abschnitt 2.2 stellt rationale Erwartungen als ein Konzept zur Modellierung von Markt-Gleichgewichten dar. Modelle mit asymmetrischen Informationen und Unsicherheit sind Inhalt der Abschnitte 2.3 und 2.4. Die dynamische Formulierung rationaler Erwartungen von Lucas (1978) wird im Abschnitt 2.5 thematisiert. Zum Abschluß des Kapitels erfolgt eine kritische Bewertung des Konzepts.

Als Exkurs sollen zunächst die aus adaptiven Erwartungen resultierenden systematischen Prognosefehler als Motivation zur Formulierung rationaler Erwartungen dargestellt werden.

2.1 Exkurs: Adaptive Erwartungen

Als einer der ersten formalen Ansätze zur Erwartungsbildung modelliert Fisher (1930) die erwartete Inflationsrate als gewichtetes Mittel aus den realisierten Inflationsraten der letzten Jahre. In Weiterentwicklung dieses Ansatzes entspricht bei *adaptiven Erwartungen* der für Periode t erwartete Preis p_t^e dem in der Vorperiode erwarteten Preis p_{t-1}^e, korrigiert um den zuletzt begangenen Prognosefehler $(p_{t-1} - p_{t-1}^e)$. Der Prognosefehler wird mit dem Parameter α gewichtet.

$$p_t^e = p_{t-1}^e + \alpha \left(p_{t-1} - p_{t-1}^e\right) \tag{2.1}$$

Erste Anwendungen der Hypothese der adaptiven Erwartungen erfolgten in den Wirtschaftswissenschaften durch Koyck (1954), Cagan (1956) und Nerlove (1958).

Adaptive Erwartungen können zu systematischen Prognosefehlern führen. Beschleunigt sich der Anstieg des Preises, wird der entsprechend Gleichung (2.1) erwartete Preis den tatsächlichen Preis systematisch unterschätzen, sinkt der Preis hingegen progressiv, ist der erwartete Preis systematisch zu hoch (Pesaran 1987, S. 18).

Zudem wird die Hypothese der adaptiven Erwartungen aus neoklassischer Sicht abgelehnt, weil sie nicht aus einem Optimierungskalkül ableitbar und damit *ad hoc* ist. Die Freiheitsgrade in der Modellierung ließen sich aufgrund mangelnder historischer Daten nicht durch gesicherte Schätzungen der Parameter füllen (Grossman 1981, S. 544).

2.2 Rationale Erwartungen als Gleichgewichtskonzept

Muth (1960) erhebt die Forderung, daß die Erwartungsbildung der Individuen als ein *rationales* Verhalten zu modellieren sei. Rationalität bedeutet, daß die Individuen bei Kenntnis der stochastischen Prozesse der Variablen die Erwartungen als die zu den historischen Ausprägungen bedingten Erwartungswerte ermitteln. Ist die Entwicklung des Preises $\{p_t\}_{t=0}^{t=+\infty}$ exogen durch einen stochastischen Prozeß gegeben, so kennen die Individuen die Art dieses Prozesses und alle historischen Ausprägungen des Preises. Die Individuen sind in der Lage, die richtigen Parameter des Prozesses zu bestimmen. Die zum Zeitpunkt $t-1$ zu bildende Erwartung über die Ausprägung des Preises in t ist durch den bedingten Erwartungswert $E[p_t|p_{t-1}, p_{t-2}, \ldots]$ gegeben. Der Preis wird verzerrungsfrei, d.h. mit einem Erwartungswert des Prognosefehlers von null, geschätzt. Bei der Forderung von Muth (1960) handelt es sich nicht um ein Gleichgewichtskonzept, sondern lediglich um eine Anforderung an die individuelle Rationalität der Marktteilnehmer.

Im Vorfeld zu den rationalen Erwartungen als ein *Gleichgewichtskonzept* entwickelt Hicks (1939, S. 132) die Vorstellung der „perfekten Voraussicht". Mit „perfekter Voraussicht" bezeichnet Hicks Gleichgewichte, in denen die Preiserwartungen der Unternehmen in die Produktionsentscheidungen einfließen und die gewählten Produktionsmengen zu Marktpreisen führen, die den Preiserwartungen entsprechen. Die Erwartungen bezüglich der endogenen Variablen Preis wirken unmittelbar auf die zukünftige Realisation des Preises.

In Generalisierung von Hicks stellt Muth (1961) das Modell einer *stochastischen* Ökonomie mit perfekter Voraussicht der Unternehmen vor[1]. Muth prägt für diese Klasse der Modellierungen den Begriff des *Gleichgewichts bei rationalen Erwartungen.*

Zur Darstellung des Konzeptes wird eine Ökonomie mit einem nicht lagerbaren Gut und einem repräsentativen Unternehmen betrachtet. Die Nachfrage $\tilde{D}_t$ nach diesem Gut ist neben dem Preis p_t von einer Zufallsvariablen[2] $\tilde{\epsilon}_t$ abhängig. $\tilde{\epsilon}_t$ ist Ausdruck von exogenen Nachfrageschocks. Aufgrund von $\tilde{\epsilon}_t$ ist auch $\tilde{D}_t$ eine Zufallsvariable.

$$\tilde{D}_t = D\left(p_t, \tilde{\epsilon}_t\right) \tag{2.2}$$

Die Produktion des Unternehmens weist ein Lag von einer Periode auf. Die Entscheidung über die zum Zeitpunkt t angebotene Menge s_t wird zum Zeitpunkt $t-1$ getroffen. Der erwartete Gewinn G_t^e ergibt sich in Abhängigkeit vom erwarteten Preis p_t^e und den Kosten der Produktion $C(s_t)$.

$$G_t^e = p_t^e s_t - C(s_t) \tag{2.3}$$

Das Unternehmen verhält sich als Preisnehmer. Das Ergebnis der Gewinnmaximierung ist die Angebotsfunktion $s_t = s(p_t^e)$. Bei der Anzahl von n identischen Unternehmen ergibt sich mit $ns(p_t^e)$ das gesamtwirtschaftliche Angebot.

[1]Die Darstellung des Konzeptes von Muth (1961) erfolgt in Anlehnung an Grossman (1981, S. 544).

[2]Um Zufallsvariablen von ihren Ausprägungen zu unterscheiden, werden alle Zufallsvariablen mit dem Symbol ˜ gekennzeichnet.

Ein *Gleichgewicht* ist bei stochastischer Nachfrage durch die Zufallsvariable $\tilde{p}_t$ gegeben, welche zum Ausgleich von Angebot und Nachfrage führt. Entsprechend Gleichung (2.4) bestimmt die Preiserwartung p_t^e die Höhe des Angebots und bei gegebener Ausprägung von $\tilde{\epsilon}_t$ den Preis p_t.

$$D(\tilde{p}_t, \tilde{\epsilon}_t) = ns(p_t^e) \tag{2.4}$$

Ein *Gleichgewicht bei rationalen Erwartungen* ist gegeben, falls für die Erwartung $p_t^e = p^*$ das aggregierte Angebot dem Erwartungswert der Nachfrage bei einem Preis von p^* entspricht.

$$E\left[D(p^*, \tilde{\epsilon}_t)\right] = ns(p_t^e = p^*) \tag{2.5}$$

Die Produktionspläne der Unternehmen aus Periode $t-1$ führen in Periode t zu einem Marktgleichgewicht, wobei der Erwartungswert des Gleichgewichtspreises der in der Periode $t-1$ gebildeten Preiserwartung entspricht.

2.3 Gleichgewichte bei asymmetrischen Informationen

In dem obigen Abschnitt bilden die Individuen Erwartungen über die endogene Variable Preis auf Basis der exogenen Variablen $\tilde{\epsilon}_t$. Alle Individuen haben die gleichen Informationen über den der Zufallsvariablen zugrundeliegenden stochastischen Prozeß.

In diesem Abschnitt sollen die Marktteilnehmer über exogene asymmetrische Informationen verfügen, d.h., einzelne Individuen haben unterschiedliche, private Informationen über die Ausprägung von exogenen Zufallsvariablen.

Für eine solche Umgebung formuliert Lucas (1972) die Vorstellung, daß die aktuellen Gleichgewichtspreise die heterogenen, in der Ökonomie verstreuten Informationen aggregieren und daß die Individuen die Preise neben ihren privaten Informationen als weitere Informationen in ihre Erwartungsbildung einfließen lassen. Preise haben hier eine zweifache Rolle. Zum einen führen sie zur Markt-Räumung und zum anderen enthüllen sie jedem einzelnen Individuum die privaten Informationen aller Individuen.

Die Darstellung dieses Konzeptes soll anhand des Kapitalmarktmodells von Grossman (1976) erfolgen.

In dem Zwei-Perioden-Modell wird ein risikoloses und ein risikobehaftetes Aktivum betrachtet. Die Marktteilnehmer $i = 1, \ldots, I$ verfügen zu Beginn der

Periode 0 über $\bar{m}_i$ Einheiten des risikolosen und über $\bar{x}_i$ Einheiten des risikobehafteten Aktivums. In der Periode 0 wird das risikobehaftete Aktivum auf einem Markt zu einem Preis von p_0 gehandelt. Nach dem Handel hält das Individuum das Portfolio (m_i, x_i).

In der Periode 1 wird der Preis des risikobehafteten Aktivums als Realisation der Zufallsvariable $\tilde{p}_1$ *exogen* determiniert. Der Zins r auf das risikolose Aktivum ist konstant. Das Vermögen $\tilde{w}_i$ in der Periode 1 ergibt sich entsprechend Gleichung (2.6).

$$\tilde{w}_i = (1 + r)m_i + \tilde{p}_1 x_i \tag{2.6}$$

Vor dem Handel erhalten die Marktteilnehmer ein privates Signal $\tilde{y}_i$ über die Höhe des Preises des risikobehafteten Aktivums in der Periode 1. Das Signal setzt sich aus dem tatsächlichen Preis und einer Störgröße $\tilde{e}_i$ zusammen. Die Zufallsvariablen $\tilde{p}_1$ und $\tilde{e}_i$ sind voneinander unabhängig und weisen Normalverteilungen mit $E[\tilde{p}_1] > 0$ und $E[\tilde{e}_i] = 0$ auf.

$$\tilde{y}_i = \tilde{p}_1 + \tilde{e}_i \tag{2.7}$$

Die Marktteilnehmer verfügen über eine negativ exponentielle Nutzenfunktion. Der Nutzen U steht in Abhängigkeit vom Vermögen $\tilde{w}_i$ in der zweiten Periode. λ_i ist eine positive Konstante.

$$U_i(\tilde{w}_i) = -e^{-\lambda_i \tilde{w}_i} \tag{2.8}$$

Die erste Ableitung ist positiv. ($U' > 0$); eine Erhöhung des Vermögens führt zu einem Anstieg des Nutzens. Die zweite Ableitung ist negativ ($U'' < 0$); der Nutzenzuwachs aus einer zusätzlichen Einheit geht mit steigendem Vermögen zurück. Die Nutzenfunktion impliziert eine konstante absolute Risikoaversion[3]. Die Individuen bestimmen die Nachfragen x_i, so daß der erwartete Nutzen, gegeben alle relevanten Informationen I_i, unter der Budgetbeschränkung (2.10) maximiert wird.

$$\max_{x_i} U_i^e(\tilde{w}_i | I_i) \tag{2.9}$$

$$p_0 x_i + m_i = p_0 \bar{x}_i + \bar{m}_i \tag{2.10}$$

[3]Die absolute Risikoaversion ist als $ARA = -U''/U'$ definiert (Pratt 1964 und Arrow 1971). Bei konstanter absoluter Risikoaversion ist die Nachfrage nach dem Risikoaktivum unabhängig von der Höhe des Vermögens.

Zur Bestimmung des Gleichgewichts in der Periode 0 soll zunächst angenommen werden, daß der Gleichgewichtspreis p_0^* als eine lineare Funktion der privaten Signale dargestellt werden kann[4].

$$p_0^*(\tilde{y}_1, \ldots, \tilde{y}_I) = \alpha_0^* + \sum_{i=1}^{I} \alpha_i^* \tilde{y}_i \tag{2.11}$$

Die Marktteilnehmer kennen diese reduzierte Form des Modells einschließlich der Parameter α_0^* und α_i^*. Mit der reduzierten Form kennen die Marktteilnehmer die Gleichgewichtsbeziehung zwischen dem Preis in der Periode 0 und den privaten Informationen aller Marktteilnehmer. Weiterhin ist den Marktteilnehmern die Ausprägung des Gleichgewichtspreises $p_0^*(y)$ bekannt[5].

Die in bezug auf die Auszahlung des Risikoaktivums relevanten Informationen I_i setzen sich aus dem Preis p_0^* und der privaten Information y_i zusammen. Auf Basis dieses Wissens bestimmen die Marktteilnehmer die bedingte Verteilung von $\tilde{p}_1$ gegeben $\tilde{y}_i = y_i$ und gegeben $p_0^*(\tilde{y}_1, \ldots, \tilde{y}_I) = p_0^*(y_1, \ldots, y_I)$. Ausgehend von der bedingten Verteilung kann aus dem Optimierungskalkül die folgende Nachfragefunktion abgeleitet werden.

$$x_i = \frac{E\left[\tilde{p}_1 | \tilde{y}_i = y_i, p_0^*(\tilde{y}) = p_0^*(y)\right] - (1+r)p_0^*(y)}{\lambda_i Var\left[\tilde{p}_1 | \tilde{y}_i = y_i, p_0^*(\tilde{y}) = p_0^*(y)\right]} \tag{2.12}$$

Die Nachfrage steigt mit der Differenz zwischen Erwartungswert und aufgezinstem Preis der Periode 0 und sinkt mit der Varianz der bedingten Verteilung. Die Nachfragen aller Individuen führen zur Markträumung $\sum_{i=1}^{I} x_i = \sum_{i=1}^{I} \bar{x}_i$ [6].

[4]Daß diese Funktion eine reduzierte Form des Modells darstellt, zeigt Grossman (1976).

[5]Es wird argumentiert, daß die Ausprägung des Gleichgewichtspreises $p^*(y_1, \ldots, y_I)$ den Marktteilnehmern bekannt sein muß, da ihre Nachfragen von diesem Preis abhängig sind (Admati 1989, S. 141).

[6]Grossman (1981, S. 541) arbeitet die Unterschiede eines solchen Gleichgewichts mit rationalen Erwartungen zu einem Walrasianischen Gleichgewicht heraus.

Im Walrasianischen Gleichgewicht läßt jeder Marktteilnehmer in die Berechnung der bedingten Verteilung von $\tilde{p}_1$ nur seine privaten Informationen einfließen, d.h., er bestimmt $\tilde{p}_1$ gegeben $\tilde{y}_i = y_i$. Ausgehend von dieser bedingten Verteilung berechnet der Marktteilnehmer seine Nachfrage. Aus der Addition der Nachfragefunktionen ergibt sich der Gleichgewichtspreis in linearer Abhängigkeit von den privaten Signalen (Lintner 1969).

$$p_0(\tilde{y}_1, \ldots, \tilde{y}_I) = \alpha_0 + \sum_{i=1}^{I} \alpha_i \tilde{y}_i \tag{2.13}$$

Der Preis p_0 aggregiert die privaten Informationen der Marktteilnehmer. Der Preis hat mithin eine bessere Qualität als die privaten Informationen. In einem System, das an jeder Stelle rationales Verhalten der Marktteilnehmer unterstellt, ist ein solches Gleichgewicht al-

Das erzielte Gleichgewicht weist einige problematische Eigenschaften auf. Da den privaten Informationen eine identische Verteilung zugrunde liegt, entspricht der Gleichgewichtspreis für jede Realisation $(y_1, \ldots, y_I)$ dem einfachen Durchschnitt $\bar{y} = \sum y_i/I$. $\bar{y}$ stellt eine bessere Information bezüglich p_1 bereit als jede einzelne private Information y_i. Der Markt ist vollständig informationseffizient. Es gibt keinen Anreiz, private Informationen (gegen Kosten) zu beschaffen. Wenn es aber keinen Anreiz gibt, Informationen zu beschaffen, können die Preise auch keine Informationen widerspiegeln (Grossman 1976, S. 585).

Weiterhin sind die Nachfragen der Individuen unabhängig vom Gleichgewichtspreis. Neben einem Einkommens- und Substitutionseffekt hat eine Preisänderung in diesem Modell einen *Informationseffekt.* Ein Anstieg des Gleichgewichtspreises in der Periode 0 bewirkt einen Anstieg des von einem Individuum für die Periode 1 erwarteten Werts des Risikoaktivums, da das Individuum vermutet, daß andere Marktteilnehmer über optimistische private Signale verfügen. Der Informationseffekt gleicht die Differenz aus Einkommens- und Substitutionseffekt vollständig aus (Admati 1989, S. 142).

Milgrom und Stokey (1982) und Tirole (1982) zeigen, daß bei asymmetrischen Informationen und rationalen Erwartungen die Individuen keinen Anreiz haben, miteinander zu handeln (No-Trade-Theorem).

2.4 Rationale Erwartungen unter Unsicherheit

Durch die Einführung weiterer Zufallsvariablen können Gleichgewichte mit rationalen Erwartungen erzielt werden, die nicht vollständig informationseffizient sind. Eine zusätzliche Zufallsvariable kann beispielsweise die aggregierte Angebotsmenge des Risikoaktivums (Grossman und Stiglitz (1980), Hellwig (1980)) oder die Ausstattungen der Individuen (Diamond und Verrecchia (1981)) sein. Die Marktteilnehmer können die Zufallsvariablen nicht beobachten und damit nicht darauf schließen, ob ein Preisanstieg durch die optimistische Einschätzung anderer Marktteilnehmer (auf Basis deren privater Signale) oder durch ein knappes Angebot bedingt ist.

---

lerdings inkonsistent: Wenn die Marktteilnehmer die Struktur des Modells nach einiger Zeit erlernt haben, kennen sie den Zusammenhang zwischen dem Gleichgewichtspreis in der Periode 0 und dem Preis in der Periode 1. Weiterhin kennen die Marktteilnehmer die Ausprägung des Preises in Periode 0, da ihre Nachfragen in Abhängigkeit zu diesem Preis stehen. Verhielten sich die Marktteilnehmer optimierend, dann würden sie auch den Informationsgehalt des Gleichgewichtspreises in die Bestimmung ihrer Nachfragemengen einfließen lassen.

Im Modell von Grossman und Stiglitz (1980) wird ein Risikoaktivum mit einer unsicheren Auszahlung $\tilde{u}$ in der Periode 1 betrachtet. Die Marktteilnehmer wählen, ob sie zur Beobachtung eines privaten Signals y_i über die Höhe der Auszahlung Kosten in Höhe von c aufwenden oder ob sie ausschließlich mit Hilfe der Preise auf die Auszahlung schließen. Die Population unterteilt sich mithin in informierte und in uninformierte Marktteilnehmer. Im Gleichgewicht entspricht der Nutzen der informierten Marktteilnehmer dem Nutzen der uninformierten; der Wert der privaten Informationen entspricht den Kosten. Bei positiven Kosten c ist eine vollständige Informationseffizienz in diesem Gleichgewicht nicht gegeben: Sinkt aus dem Gleichgewicht heraus die Varianz der Störgröße Angebotsmenge, erhöht sich der Informationsgehalt der Preise. Der Wert der privaten Informationen sinkt bei konstanten Kosten; der Anteil der informierten Marktteilnehmer vermindert sich. Durch das Sinken des Anteils der informierten Marktteilnehmer stellt sich wieder der ursprüngliche Informationsgehalt des Preissystems ein. Eine vollständige Informationseffizienz der Märkte wird durch die Kosten der Informationsbeschaffung verhindert.

Bei rationalen Erwartungen unter Unsicherheit gilt weiterhin, daß kein Anreiz der Individuen besteht, miteinander zu handeln[7].

2.5 Rationale Erwartungen in einer dynamischen Umgebung

Die Modelle aus den Abschnitten 2.3 und 2.4 stellen Zwei-Perioden-Modelle dar. Erste dynamische Finanzmarkt-Modelle mit rationalen Erwartungen gehen auf LeRoy (1973) und Lucas (1978) zurück. Nachfolgend soll das Modell von Lucas (1978) als ein Modell mit einem unendlichen Planungshorizont der Individuen vorgestellt werden[8]. Dieses Modell dient gleichzeitig als *Referenz* für das zu entwickelnde evolutorische Kapitalmarktmodell.

Es wird eine Ökonomie mit einem Konsumgut und einem Risikoaktivum betrachtet. Das repräsentative Individuum verfügt analog zum Abschnitt 2.3 über eine negativ exponentielle Nutzenfunktion; hier in Abhängigkeit vom Konsum c_t in der Periode t. Zur Vereinfachung der Darstellung wird abweichend von Lucas (1978) die Annahme der Risikoneutralität des Individuums getroffen.

Das Individuum maximiert den diskontierten Erwartungsnutzen aus einer unendlichen Anzahl von Perioden. Der Diskontfaktor β ist konstant und kleiner

[7]Handel kann erst erklärt werden, wenn nicht rationale, sogenannte *Noise-Trader* zugelassen werden (Wang 1993).

[8]Die Darstellung des Modells lehnt sich an Diba und Grossman (1988) an.

eins.

$$\max \sum_{\tau=1}^{\infty} \beta^{\tau} U^{e}(c_{t+\tau}) \tag{2.14}$$

Das Individuum erhält in jeder Periode eine Ausstattung des Konsumgutes in Höhe von $\tilde{i}_t$. Zum intertemporalen Ausgleich des Konsumplanes kann der Bestand des Risikoaktivums x_t variiert werden. Das Risikoaktivum wird auf einem Markt zum Preis von p_t gehandelt. Jede Einheit des Risikoaktivums zahlt $\tilde{d}_t$ Einheiten des Konsumgutes als Dividende. $\tilde{d}_t$ und $\tilde{i}_t$ sind stationäre stochastische Prozesse. Für die Periode t ergibt sich folgende Budgetbeschränkung.

$$c_t + p_t \left[x_{t+1} - x_1\right] \leq i_t + x_t d_t \tag{2.15}$$

Die Bedingung erster Ordnung aus dem Optimierungskalkül impliziert, daß der Preis in der Periode t der diskontierten Summe aus erwartetem Preis und erwarteter Dividendenzahlung der nächsten Periode entspricht.

$$p_t = \beta \left[p_{t+1}^{e} + d_{t+1}^{e}\right] \tag{2.16}$$

Zur Bestimmung von p_t sind die Erwartungen p_{t+1}^{e} und d_{t+1}^{e} zu spezifizieren. Die erwartete Dividendenzahlung entspricht dem zum Informationssatz I_t bedingten Erwartungswert. I_t enthält alle aktuellen und historischen Realisationen der Modellvariablen.

$$d_{t+1}^{e} = E\left[d_{t+1} | I_t\right] \tag{2.17}$$

Die Erwartung p_{t+1}^{e} wird bestimmt, indem (2.16) für die Periode $t+1$ aufgestellt und der Erwartungswertoperator auf die resultierende Gleichung angewandt wird.

$$p_{t+1}^{e} = \beta \left[p_{t+2}^{e} + d_{t+2}^{e}\right] \tag{2.18}$$

Wird Gleichung (2.18) in (2.16) eingesetzt, ergibt sich p_t in Abhängigkeit von p_{t+2}^{e}. Dieses Verfahren wird für alle zukünftigen Zeitpunkte wiederholt, bis der Preis entsprechend (2.20) nur noch in Abhängigkeit von den erwarteten Dividendenzahlungen steht. Der Preis entspricht somit der diskontierten Summe der für die Zukunft erwarteten Dividenden, d.h., der Preis entspricht dem

Fundamentalwert f_t[9].

$$p_t = f_t = \sum_{\tau=1}^{\infty} \beta^{\tau} d^e_{t+\tau} \tag{2.20}$$

2.6 Bewertung

Das Konzept der rationalen Erwartungen soll im folgenden im Hinblick auf die Konvergenz gegen Gleichgewichte und die Annahmen über die Rationalität der Marktteilnehmer untersucht werden. Abschließend werden empirische Studien zu den Annahmen und Implikationen der Modelle angesprochen.

2.6.1 Konvergenz

Im Rahmen der Konvergenz gegen Gleichgewichte bei rationalen Erwartungen stellt sich die Frage, ob die Marktteilnehmer in der Lage sind, die Struktur des „richtigen" Modells zu erlernen und anschließend rationale Erwartungen bilden.

Ein Gleichgewicht bei rationalen Erwartungen bezieht sich auf einen Zustand, in dem die Individuen das Lernen über die ökonomischen Zusammenhänge abgeschlossen haben. Es gibt keinen Anreiz, daß sie ihre Vorstellungen über das „richtige" Modell der Wirtschaft revidieren (Pesaran 1987, S. 33).

Grossman (1981) argumentiert, daß, wenn den Individuen die Struktur oder die Parameter des Modells nicht bekannt sind, es zur Bildung von rationalen Erwartungen ausreicht, die reduzierte Form des Modells zu kennen. Die Parameter der reduzierten Form des Modells können erlernt werden, und nach

[9] Diba und Grossman (1988) untersuchen die Möglichkeit einer Fehlbewertung. Fehlbewertung bedeutet, daß der Preis neben dem Fundamentalwert f_t eine weitere Komponente b_t enthält. Die Komponente b_t kann als eine spekulative Blase bezeichnet werden.

$$p_t = f_t + b_t \tag{2.19}$$

Aus der Bedingung erster Ordnung (2.16) folgt, daß b_t dem diskontierten Erwartungswert der kommenden Periode βb^e_{t+1} entsprechen muß. Bei rationalen Erwartungen ergibt sich der Erwartungswert b^e_{t+1} als βb^e_{t+2}. Aus dieser linearen Beziehung folgt, daß, wenn b_t für einen bestimmten Zeitpunkt null ist, b_t auch für alle zukünftigen Perioden null sein muß. Ist b_t für ein bestimmtes t positiv, führt dies aufgrund von $\beta < 1$ zu einem Anstieg von b_t, und damit von p_t, über alle Grenzen. Ist b_t zu einem Zeitpunkt negativ, so fällt b_t in der Zukunft ohne Grenzen und führt nach einiger Zeit zu einem negativen Preis. Da weder ein „Explodieren" der Preise noch negative Preise zu beobachten sind, ist anzunehmen, daß die Komponente b_t null entspricht.

Abschluß des Lernvorganges stellt sich ein Gleichgewicht bei rationalen Erwartungen ein.

Die Problematik solcher Lernprozesse besteht darin, daß die tatsächliche Verteilung der endogenen Variablen abhängig ist von den Einschätzungen der Marktteilnehmer bezüglich dieser Verteilung. Das Lernen der Marktteilnehmer beeinflußt unmittelbar das Entstehen des Gleichgewichts.

Im Beispiel von Grossman und Stiglitz (1980) schließen die informierten Marktteilnehmer aufgrund ihrer privaten Informationen auf die Auszahlung des Risikoaktivums. Sind die privaten Informationen positiv, werden sie eine höhere Nachfrage haben; sind die privaten Informationen negativ, vermindert sich die Nachfrage. Im Gleichgewicht werden mithin die Preise relativ hoch sein, wenn die privaten Informationen optimistisch sind und, bei pessimistischen Informationen relativ niedrig. Ohne private Informationen und ohne jedes Verständnis über die Zusammenhänge des Modells wird ein uninformierter Marktteilnehmer relativ viel nachfragen, wenn die Preise niedrig sind, und relativ wenig nachfragen, wenn die Preise hoch sind. Nach einiger Zeit werden die uninformierten Marktteilnehmer einen Zusammenhang zwischen den Preisen und der Auszahlung des Risikoaktivums feststellen und ihr Nachfrageverhalten verändern. Sie fragen mehr nach, wenn die Preise hoch sind, und weniger, wenn die Preise niedrig sind. Wenn es viele uninformierte Marktteilnehmer gibt, werden sich ihre Verhaltensveränderungen auf das Marktgleichgewicht und auf den statistischen Zusammenhang zwischen Preis und Auszahlung auswirken (Kreps 1990).

Zur Untersuchung dieser Problematik ist eine Spezifizierung des Lernprozesses erforderlich. In der Literatur werden zwei alternative Ansätze diskutiert. Der erste Ansatz betrachtet ein vollständig rationales Lernen bei Kenntnis der Struktur des Modells. Im zweiten Ansatz unterstellen die Marktteilnehmer für ihren Lernprozeß, daß der Markt sich bereits in einem Gleichgewicht bei rationalen Erwartungen befindet (Bray 1985, S. 189).

Im Rahmen des ersten Ansatzes kennen die Marktteilnehmer die Struktur des richtigen Modells einschließlich der Auswirkungen des Lernens auf die Entstehung der Gleichgewichtspreise. Unklarheit herrscht lediglich über die Parameter des Modells. Bray und Kreps (1986) kommen zu dem Ergebnis, daß (nahezu) in jedem Fall eine Konvergenz auf ein Gleichgewicht bei rationalen Erwartungen erfolgt. Bray und Kreps hinterfragen allerdings die Plausibilität ihres Ansatzes. Im Vergleich zu Ansätzen mit rationalen Erwartungen ohne Modellierung des Lernprozesses sind sehr viel höhere Anforderungen an die Rationalität der Marktteilnehmer erforderlich.

Für den zweiten Ansatz ist es ausreichend, anzunehmen, daß die Marktteilnehmer über eine „vernünftige“ Lernregel verfügen, die während des Lernprozesses beibehalten wird (Pesaran 1987, S. 35). Bray (1982) untersucht die Dynamik des Lernprozesses für das Modell von Grossman und Stiglitz (1980). Die uninformierten Marktteilnehmer unterstellen einen linearen Zusammenhang zwischen Preis p_t und der Auszahlung des Risikoaktivums $\tilde{u}_t$.

$$p_t = \alpha_{t-1} + \beta_{t-1}\tilde{u}_t \tag{2.21}$$

Die Parameter α_{t-1} und β_{t-1} werden in jeder Periode mit Hilfe einer Kleinst-Quadrate-Schätzung bestimmt. Das Modell konvergiert gegen ein Gleichgewicht mit rationalen Erwartungen, solange der Anteil der uninformierten Individuen nicht zu hoch ist. In Blume und Easley (1982) wählen die Marktteilnehmer zwischen mehreren Modellen, von denen eines das richtig spezifizierte Modell ist. Hier ist es nicht ausgeschlossen, daß der Lernprozeß zu einem Gleichgewicht bei einem falschen Modell führt. Auch in Untersuchungen von Radner (1982), Frydman (1982), Fourgeaud et al. (1986) und Bowden (1984) können Abweichungen von einem Gleichgewicht bei rationalen Erwartungen nicht ausgeschlossen werden.

Bei beiden Ansätzen bleibt die Frage des *a-priori*-Wissens der Individuen ungeklärt. Im ersten Ansatz bleibt unbegründet, weshalb den Individuen die richtige Struktur des Modells bekannt ist. Im zweiten Ansatz bleibt die Entstehung der „vernünftigen" Lernregel und weshalb alle Marktteilnehmer die gleiche Lernregel einsetzen unklar. Die Lernregel setzt zumindest die Kenntnis der reduzierten Form des Modells voraus.

Darüber hinaus unterstellen beide Ansätze eine Konstanz der Struktur des Modells und der den exogenen Variablen zugrundeliegenden stochastischen Prozesse. In einem sich entwickelnden System sind die obigen Lernprozesse problematisch (Pesaran 1987, S. 34). Es ist eine gewisse Zeit erforderlich, bis die Wirtschaftssubjekte die gemeinsame Verteilung von $\tilde{u}_t$ und $\tilde{p}_t$ erlernt haben können. Ändert sich beispielsweise die Verteilungsfunktion von $\tilde{u}_t$, ist zweifelhaft, ob der Lernprozeß zu einem Ergebnis kommen kann oder ob mit dem Erlernten rationale Erwartungen gebildet werden können.

2.6.2 Rationalität der Individuen

Grundlegender als die Kritik an der Konvergenz ist die Infragestellung des optimierenden Verhaltens der Wirtschaftssubjekte. Wird ein solches Verhalten abgelehnt, ist auch die Vorstellung einer Konvergenz gegen ein Gleichgewicht bei rationalen Erwartungen hinfällig. Entsprechend der neoklassischen Optimierunghypothese wählen die Individuen bei Kenntnis aller Handlungsalternativen stets diejenige mit dem höchsten erwarteten Ergebnis. Zweifel an einem solchen Verhalten ergeben sich aufgrund der nur beschränkten Rechenfähigkeit der Marktteilnehmer und der fehlenden Informationen über die Menge der Handlungsalternativen (Witt 1987, S. 142).

In bezug auf die Verfügbarkeit von Informationen setzen die obigen Modelle nicht nur voraus, daß die Marktteilnehmer alle Vergangenheitsrealisationen der endogenen und exogenen Variablen kennen, sondern auch, daß sie die Gleichgewichts-Preise kennen, bevor Transaktionen stattgefunden haben. In den Modellen aus Abschnitt 2.3 und 2.4 führen die Preise zur Markträumung in der Periode 0, *nachdem* die Agenten die Preise als Information zur Erwartungsbildung genutzt haben (Hellwig 1982, S. 280).

Friedman (1953) rechtfertigt die Unterstellung optimierenden Verhaltens mit dem Prozeß der natürlichen Auslese. Es muß nicht tatsächlich ein optimierendes Verhalten vorliegen, sondern es reicht aus, daß die Wirtschaftssubjekte sich verhalten, *als ob* sie optimieren. Selbst wenn das tatsächliche Verhalten *zufällig* oder *gewohnheitsmäßig* ist, werden die Individuen, deren Verhalten mit einem Optimierungskalkül konsistent ist, einen höheren Vermögenszuwachs erzielen, und ihr Gewicht in der Population wird steigen. Individuen mit einem hiervon abweichenden Verhalten erleiden Verluste und scheiden langfristig aus dem Markt aus. Die Hypothese des optimierenden Verhaltens formuliert somit die Bedingung für ein Überleben im Wettbewerb.

Friedmans Argument weist eine Reihe von Schwachstellen auf. Beruht das wirtschaftliche Handeln lediglich auf einer zufälligen Reaktion, muß ein Individuum, welches sich zu einem bestimmten Zeitpunkt optimierend verhält, sich nicht notwendigerweise auch zu allen zukünftigen Zeitpunkten optimierend verhalten. Eine systematische Selektion der Individuen könnte in diesem Fall nicht erfolgen. Die Argumentation bleibt aber auch bei einem gewohnheitsmäßigen Verhalten problematisch. So muß das gewohnheitsmäßige Verhalten nicht unbedingt die Reaktionsmuster einschließen, die mit einem optimierenden Verhalten konsistent sind. Das kann dadurch begründet sein, daß ein solches Verhalten niemals existiert hat oder daß das zu den augenblicklichen Bedingungen mit einem Optimierungskalkül konsistente Verhalten zu einem früheren Zeitpunkt und zu anderen Bedingungen nicht optimal war und durch den Wettbewerb eliminiert wurde (Nelson und Winter 1982, S. 141). DeBondt et al. (1991) untersuchen Populationen, die neben rationalen Individuen Individuen mit fehlspezifizierten Erwartungen aufweisen. Sie zeigen, daß die nicht-rationalen Individuen einen höheren erwarteten Vermögenszuwachs aufweisen können. Ein langfristiges Ausscheiden dieser Individuen ist nicht gesichert. Darüber hinaus wird in Friedmans Argumentation der Markteintritt neuer Marktteilnehmer vernachlässigt (Witt 1987, S. 81).

2.6.3 Empirische Befunde

Empirische Hinweise auf das Anlegerverhalten sind aus Studien zu Modell-Anomalien, Befragungen von Marktteilnehmern und Kapitalmarktexperimente zu gewinnen.

Anomalien, d.h. Verhalten der Aktivapreise und Handelsvolumina, die im Widerspruch zu den Implikationen der Modelle mit rationalen Erwartungen stehen, werden von einer Vielzahl von empirischen Arbeiten aufgezeigt[10]. Entgegen den Aussagen der Modelle scheinen Aktivapreise auf Basis historischer Informationen prognostizierbar zu sein. Signifikante negative Autokorrelationen der drei- bis fünfjährigen Erträge von Aktien der New-York-Stock-Exchange werden beispielsweise von Fama und French (1988) gefunden. Positive Autokorrelationen der wöchentlichen Erträge werden bei Lo und MacKinley (1988) dargestellt. Profitable Handelsregeln auf Basis historischer Preise werden von Allen und Karjalainen (1993) und Brock, Lakonishok und LeBaron (1992), Levich und Thomas (1993), Sweeney (1986, 1988) und Taylor (1992) aufgezeigt. Daß die Varianzen und Handelsvolumina signifikante Autokorrelationen aufweisen, stellt Bollerslev et al. (1992) dar. Die Varianzen der Erträge von Aktien an tatsächlichen Märkten sind höher, als sie bei rationalem Verhalten der Individuen zu erwarten wären (Shiller 1979, 1981, 1989 und LeRoy und Porter 1981). Weiterhin sind, im Widerspruch zu Modellen mit rationalen Erwartungen, an den Finanzmärkten hohe Handelsvolumina zu beobachten (DeBondt und Thaler (1994) und Lowenstein (1988)).

Befragungen von Marktteilnehmern liefern das Ergebnis, daß ein großer Teil der Investoren von der eigenen Fähigkeit überzeugt ist, die Märkte systematisch prognostizieren zu können. Von Shiller (1990) wurden amerikanische Investoren und von Shiller, Kon-ya und Tsutsui (1989) japanische Investoren zu den Ursachen des Börsencrashs vom Oktober 1987 befragt. Die drei meistgenannten Erklärungsansästze waren, daß der Markt überbewertet sei, daß der Kursrückgang durch Stop-loss-Aufträge verursacht wurde und daß die Marktteilnehmer panisch reagiert hätten. Falls eine Überbewertung als Erklärungsansatz genannt wurde, konnte keine konsistente Erklärung dafür gegeben werden, was überbewertet ist. Zwei Drittel der amerikanischen und drei Viertel der japanischen Investoren ordneten ihre Theorie als einen psychologisch orientierten Erklärungsansatz ein. Falls die Investoren eine Vorstellung über den Zeitpunkt einer Erholung der Kurse hatten, wurde diese Vorstellung häufig mit Intuition oder Gefühl begründet. Erfolgten von den Befragten Hinweise auf Modelle, so wurden in der Regel extrem einfache Modelle genannt, beispielsweise daß nach einem starken Kursrückgang innerhalb kurzer Zeit ein

[10]Eine Diskussion der Anomalien erfolgt in Fama (1991).

Kursanstieg zu erwarten sei. Von Taylor und Allen (1992) wurden im Auftrag der Bank von England Londoner Devisenhändler befragt. In 90 Prozent der Antworten gaben die Händler an, daß sie in ihre Erwartungsbildung auch historische Preise einfließen lassen. Die Aufbereitung der Informationen aus den historischen Preisen erfolgt beispielsweise anhand von gleitenden Durchschnitten oder grafischen Darstellungen. Das Gewicht der historischen Preise ist um so höher, je geringer der Prognosehorizont ist.

Weitere Hinweise auf irrationales Verhalten von Marktteilnehmern können mit Hilfe von Experimenten gewonnen werden. In den Experimenten von Tversky und Kahneman (1974) schätzen die Teilnehmer die Wahrscheinlichkeiten des Eintritts bestimmter Ereignisse systematisch falsch. So stehen die geschätzten Wahrscheinlichkeiten beispielsweise in Abhängigkeit von zusätzlichen irrelevanten Informationen. Aktuellere Informationen werden, gemessen an der Bayesianischen Regel[11], zu stark gewichtet (Kahneman und Tversky 1972, S. 431). Teilnehmer an Experimenten erkennen kollektiv nicht-vorhandene Trends in Zeitreihen von Aktivapreisen (Andreassen und Kraus (1987)). Weiterhin wird die Qualität ihrer Prognosen von den Individuen überschätzt (Alpert und Raiffa (1969), Tversky und Kahneman (1971)). Die Fehleinschätzung der eigenen Fähigkeit steigt mit der Komplexität der Aufgabe (Langer 1975, S. 311). Smith et al. (1988) beobachten in Kapitalmarktexperimenten die Entstehung von psychologisch bedingten spekulativen Blasen.

2.7 Zusammenfassung und Überleitung

Dieses Kapitel war den rationalen Erwartungen als Konzept zur Modellierung von Kapitalmärkten gewidmet. Basierend auf der Annahme, daß die Marktteilnehmer sämtliche bewertungsrelevanten Informationen in die „richtigen" Erwartungen transformieren, entstehen Marktgleichgewichte mit Preisen, die den Fundamentalwerten der Aktiva entsprechen. Handelsgewinne einzelner Marktteilnehmer sind in diesem Ansatz, nach Berücksichtigung von Transaktionskosten und Kosten der Informationsbeschaffung, ausgeschlossen.

Das Konzept der rationalen Erwartungen wurde aufgrund der hohen Anforderungen an die individuelle Rationalität der Individuen als problematisch eingestuft. Empirische Studien können die Implikationen dieser Modelle nicht stüzen. Befragungen und Kapitalmarktexperimente weisen nicht auf ein optimierendes Verhalten der Marktteilnehmer hin.

Als alternative Ansätze werden im folgenden Kapitel Arbeiten aus dem Bereich

[11] Vgl. Zellner (1971).

der *Behavioral Finance* und evolutorische Modellierungen auf Basis von Genetischen Algorithmen, Evolutionsstrategien und Klassifizierer Systemen vorgestellt.

Kapitel 3

Alternative Modellierungskonzepte

Zur Erklärung der empirisch beobachtbaren Anomalien werden seit Mitte der achtziger Jahre Finanzmarkt-Modelle konstruiert, die sich von der Vorstellung risikoaverser, stets den Erwartungsnutzen optimierender Agenten aus dem Konzept der rationalen Erwartungen lösen. Heterogenitäten der Populationen beruhen nicht nur auf Unterschieden in den Präferenzen oder Informationsständen, sondern zusätzlich auf heterogenen und damit auch suboptimalen Verhaltensweisen der Marktteilnehmer.

Als Alternativen zum Konzept der rationalen Erwartungen aus dem vorherigen Kapitel werden nachfolgend Arbeiten aus dem Bereich der *Behavioral Finance* sowie Modellierungen auf Basis von Genetischen Algorithmen, Evolutionsstrategien und Klassifizierer-Systemen vorgestellt.

Kennzeichen der Modellierungen aus dem Bereich *Behavioral Finance* ist die *ad hoc*-Definition von Verhaltensweisen für eine Anzahl alternativer Anlegergruppen. Die Definition kann optimale und suboptimale Verhaltensweisen einschließen. In einigen Modellen werden Verhaltensrevisionen der Individuen betrachtet. Die Marktteilnehmer treffen eine Auswahl aus einer begrenzten Anzahl ihnen bekannter Verhaltensalternativen. Es erfolgt ein „Lernen“ in dem Sinne, daß Marktteilnehmer die Auswahlwahrscheinlichkeiten für einzelne Alternativen variieren.

Werden Genetische Algorithmen, Evolutionsstrategien und Klassifizierer-Systeme zur Modellierung des Entscheidungskalküls eingesetzt, kennen die Marktteilnehmer nicht sämtliche mögliche Verhaltensalternativen. Neue Verhaltensmuster werden durch die Mechanismen *Mutation* und *Rekombination* erzeugt. Das „Lernen“ der Marktteilnehmer besteht in einer Veränderung der

Auswahlwahrscheinlichkeiten und in der Entwicklung neuer Ansätze. Erfolgt eine Einordnung entsprechend Witt (1987, S. 11), können diese Ansätze aufgrund der expliziten Betrachtung von Neuerungen als evolutorische Modellierungen charakterisiert werden.

In Modellierung auf Basis Genetischer Algorithmen und Evolutionsstrategien werden die Marktteilnehmer durch genau eine Verhaltensalternative repräsentiert. Durch Mutation und Rekombination werden neue Generationen von Marktteilnehmern erzeugt. In der Weiterentwicklung Genetischer Algorithmen stehen in Klassifizierer-Systemen jedem Marktteilnehmer ein Bündel an alternativen Verhaltensmustern zur Verfügung. Mutation und Rekombination werden zur Variation der Verhaltensmuster bei Fortbestand der Marktteilnehmer eingesetzt.

Klassifizierer-Systeme und das in Kapitel 4 zu entwickelnde evolutorische Kapitalmarktmodell weisen eine Reihe von Parallelen auf. Eine Diskussion der Parallelen erfolgt in Kapitel 5.

3.1 Behavioral Finance

Aus dem Bereich der Behavioral Finance sollen die Modelle mit konstantem Verhalten der Marktteilnehmer von Day und Huang (1990), DeLong et al. (1991) und Shleifer und Summers (1990) sowie die Modelle von Lux (1997), Barberis, Shleifer und Vishny (1997) mit Verhaltensrevisionen existierender Individuen und DeLong et al. (1990) mit Markteintritt neuer Händler vorgestellt werden.

Day und Huang (1990) unterscheiden in einer „Eine-Aktie-und-Geld-Welt" *α-Investoren* und *β-Investoren*. Alle *α-Investoren* haben homogene Vorstellungen über den Fundamentalwert des Risikoaktivums. Die Erwartungen sind exogen und weisen eine „hohe" Qualität auf. Diese Gruppe hat eine positive Überschußnachfrage, falls der erwartete Fundamentalwert den Preis übersteigt, und umgekehrt. *β-Investoren* bilden ihre Erwartungen bezüglich des Fundamentalwerts endogen auf Basis des Preises der letzten Periode. Steigt der Preis, so erwarten sie einen Anstieg des Fundamentalwertes, und umgekehrt. Die Nachfragefunktion dieser Investoren steht in einer positiven Abhängigkeit vom Preis. Der Preis wird durch einen Auktionator in Abhängigkeit von den Überschußnachfragen festgelegt. Weder die Ermittlung der Erwartungen noch die Allokationsentscheidung werden aus einem Optimierungskalkül abgeleitet; die festgelegten Preise führen nicht notwendigerweise zur Markträumung.

De Long et al. (1991) und Shleifer und Summers (1990) definieren neben rationalen Anlegern mit korrekt spezifizierten Erwartungen *Noise-Trader*, die verzerrte Erwartungen über die Erwartungswerte und die Varianzen der Erträge von Risikoaktiva bilden. Sie können zeigen, daß die *Noise-Trader* trotz systematisch falscher Erwartungen nicht notwendigerweise ihr Vermögen verlieren und aus dem Markt ausscheiden. Die *Noise-Trader* tragen (unbewußt) ein höheres Risiko als rationale Marktteilnehmer. Die Ergebnisse werden abgeleitet unter der Annahme, daß die *Noise-Trader* keinen Einfluß auf die Preisbildung haben.

Auch wenn Marktteilnehmer kein rationales Verhalten aufweisen, werden sie in der Lage sein, *ex post* den Erfolg alternativer Verhaltensweisen zu messen. Diagnostizieren sie beispielsweise eine fehlspezifizierte Erwartungsbildung, werden sie bestrebt sein, ihr Verhalten zu verändern. Eine Veränderung des Verhaltens kann beispielsweise in einem Wechsel der Gruppenzugehörigkeit bestehen. Ein solcher Wechsel wird aber weder bei Day und Huang (1990) noch bei DeLong et al. (1991) und Shleifer und Summers (1990) betrachtet. Die *β-Investoren* und *Noise-Trader* erkennen auch langfristig nicht, daß ihre Erwartungen systematisch falsch sind.

Lux (1997) entwirft ein Modell mit der Möglichkeit des Wechsels von Strategien durch die Anleger. Es werden drei Gruppen von Marktteilnehmern unterschieden: Chartisten mit positiven bzw. negativen Erwartungen und Fundamentalisten. Die Marktteilnehmer können im Zeitablauf zwischen den einzelnen Gruppen wechseln. Die Wahrscheinlichkeit eines Übergangs zwischen den Gruppen ist abhängig von der Anzahl der Marktteilnehmer in den Gruppen, von der jeweils letzten Veränderung des Preises und von dem Fundamentalwert. Sowohl die Ansätze auf der Ebene der Allokationsentscheidung als auch die Entscheidungskalküle zum Wechsel der Strategien stellen suboptimale Verhaltensweisen dar.

Im Modell von Barberis, Shleifer und Vishny (1997) wählen die Marktteilnehmer zwischen zwei alternativen Hypothesen bezüglich der Zeitreiheneigenschaften des einem Aktivum zugrundeliegenden Fundamentalwertes. Beide Hypothesen stellen Fehlspezifikationen der tatsächlichen Entwicklung des Fundamentalwertes dar. Die Marktteilnehmer wählen die Hypothese mit der höchsten Eintrittswahrscheinlichkeit, wobei die Eintrittswahrscheinlichkeiten unter Verwendung der Bayesianischen Regel bestimmt werden. Zwischen fehlspezifiziertem Verhalten wird auf Basis eines optimierenden Entscheidungskalküls gewählt.

DeLong et al. (1990) betrachten den Eintritt neuer Generationen von Händlern, die in Abhängigkeit vom erzielten Ertrag oder Nutzen der vorherigen Generation zwischen fest definierten rationalen und nicht-rationalen Verhaltensalternativen wählen. Wird die Wahl der Verhaltensalternativen in Abhängigkeit vom Ertrag getroffen, so bleiben nicht-rationale Verhaltensweisen in der Population präsent. Ist das Entscheidungskriterium der Nutzen, d.h., wird das Risiko der

Strategien berücksichtigt, kommt es zur Dominanz rationalen Verhaltens.

In den obigen Modellen stehen den Marktteilnehmer entweder keine Verhaltensalternativen zur Verfügung, oder die Auswahl der Verhaltensalternativen ist auf eine Menge von *ad hoc* definierten, suboptimalen Ansätzen beschränkt, oder die Entscheidungsregeln zur Auswahl der Verhaltensalternativen sind fehlspezifiziert. Die Marktteilnehmer erkennen, auch langfristig, die Fehlerhaftigkeit ihres Handels, sei es auf der Ebene der Erwartungsbildung bzw. Allokationsentscheidung oder auf der Ebene der Beurteilung ihres Verhaltens zur Erwartungsbildung bzw. Allokationsentscheidung, nicht.

Darüber hinaus wird das Auftreten neuer Ansätze nicht betrachtet. Verhaltensrevisionen erfolgen nur in Form einer Auswahl zwischen im vorhinein definierten Verhaltensmustern. Marktteilnehmer können nicht zu der Erkenntnis gelangen, daß sämtliche der ihnen zur Verfügung stehenden Ansätze fehlspezifiziert sind.

Die Entwicklung neuen Verhaltens gewinnt insbesondere dann an Bedeutung, wenn einerseits ein vollständig rationales Verhalten aufgrund der hohen Anforderungen an den Informationsstand und die Rechenfähigkeit der Marktteilnehmer abgelehnt werden muß und andererseits den Marktteilnehmern die Fähigkeit zugestanden wird, *ex post* über die Güte ihrer Verhaltensweisen zu urteilen. Auch wenn Marktteilnehmer nicht in der Lage sind, ihre Erwartungen entsprechend dem zu allen Zeitpunkten richtigen Modell der Ökonomie, wenn es denn existiert, zu bilden, werden sie doch nach besseren, temporär gültigen Modellen suchen und alte, als falsch erwiesene Ansätze verwerfen.

In Modellen aus dem Bereich Behavioral Finance wird das Vorhandensein nicht-rationalen Verhaltens in der Population durch fehlspezifiziertes Verhalten in der Erwartungsbildung bzw. Allokationsentscheidung unter Ausschluß der Möglichkeit von Verhaltensrevisionen oder durch falsche, suboptimale Entscheidungsregeln für die Verhaltensrevisionen erklärt. Die Plausibilität solcher Modellierungen ist ebenso wie die Annahme vollständig rationalen Verhaltens aller Individuen fragwürdig (Arthur et al. 1997, S. 2).

Die Motivation zur Entwicklung evolutorischer Ansätze kann einerseits mit der Fragwürdigkeit der hohen Anforderungen an die Rationalität der Marktteilnehmer in neoklassischen Modellierungen, andererseits mit der Problematik des Verharrens in offensichtlich fehlspezifizierten Ansätzen in der Behavioral Finance erklärt werden.

3.2 Genetische Algorithmen und Evolutionsstrategien

Genetische Algorithmen und Evolutionsstrategien stellen, in einer engen Analogie zur biologischen Evolution, Ansätze zur Lösung von Optimierungsproblemen dar. Genetische Algorithmen wurden von Holland (1975) formuliert, und Evolutionsstrategien gehen auf Rechenberg (1973) zurück.

Werden Genetische Algorithmen oder Evolutionsstrategien zur Abbildung ökonomischen Geschehens eingesetzt, so wird das Entscheidungskalkül der Individuen durch eine kognitive Einheit in Form eines binären Codes oder eines realwertigen Vektors abgebildet. Jedem Individuum ist genau eine Ausprägung der kognitiven Einheit zugeordnet.

Nach einer kurzen Einführung in das Konzept der Genetischen Algorithmen sollen die Modelle von Rieck (1994), Arifovic (1996) und Lettau (1997) vorgestellt werden. Weitere Modelle mit Genetischen Algorithmen zur Beschreibung ökonomischen Verhaltens außerhalb von Finanzmärkten liegen beispielsweise von Steiglitz et al. (1996) und Arifovic (1994, 1995) vor.

3.2.1 Das Konzept

Im Rahmen eines Genetischen Algorithmus werden die Individuen, oder allgemeiner die Lösungskandidaten, durch einen binären Code repräsentiert. Der Algorithmus startet mit einer Population von zufällig erzeugten Individuen. Die Qualität oder Fitneß aller Individuen wird anhand einer problemspezifischen Zielfunktion bewertet. Eine neue Generation wird auf Basis der fittesten Individuen der ursprünglichen Generation erzeugt. Zur Erzeugung eines neuen Individuums werden zwei Elternteile der ursprünglichen Population ausgewählt. Die Auswahlwahrscheinlichkeit der Elternteile steht dabei in Abhängigkeit von ihrer Fitneß. Der Code der Nachkommen wird durch eine „Rekombination" der Codes der Eltern erzeugt, d.h., Blöcke aus binären Zeichenfolgen der Eltern werden zu einem neuen Lösungskandidaten zusammengesetzt. Anschließend unterliegen die Nachkommen einer zufälligen Variation („Mutation"). Die Nachkommen ersetzen die relativ schwachen Individuen der ursprünglichen Generation. Auf diese Art werden fortlaufend neue Generationen erzeugt, bis eine Abbruchsbedingung erfüllt ist. Eine Abbruchsbedingung kann beispielsweise anhand eines Generationenzählers formuliert werden. Die Individuen der Endpopulationen wiesen bezüglich der Zielfunktion eine höhere Qualität auf als die Individuen in der Ausgangspopulation (Schöneburg et al. 1994, S. 186).

Ebenso wie die Genetischen Algorithmen arbeiten Evolutionsstrategien mit Populationen von Individuen, die potentielle Lösungskandidaten repräsentieren. Im Gegensatz zu den Genetischen Algorithmen bilden Evolutionsstrategien die Individuen mit Hilfe von reellen Vektoren ab. Während bei den Genetischen Algorithmen die Rekombinationsmechanismen im Vordergrund stehen, legen die Evolutionsstrategien ein höheres Gewicht auf die Mutation und auf die Bestimmung der Mutationsabstände. Ein weiterer Unterschied besteht in der Auswahl der Eltern für die Reproduktion. Bei Genetischen Algorithmen ist die Auswahlwahrscheinlichkeit proportional zu der relativen Fitneß der Individuen. Evolutionsstrategien wählen deterministisch die jeweils besten Individuen der Population als Eltern aus (Schöneburg et al. 1994, S. 186).

Beide Verfahren weisen individuelle Vor- und Nachteile auf. Beispielsweise besteht für Evolutionsstrategien die Gefahr, in lokalen Optima zu verharren, während die Genetischen Algorithmen häufig bei relativ einfachen Optimierungsproblemen nur eine mäßige Leistung zeigen (Hoffmeister und Bäck 1991, S. 55).

3.2.2 Rieck (1994)

Unter Verwendung einer Kombination aus Evolutionsstrategien und Genetischen Algorithmen simuliert Rieck (1994) eine „Eine-Aktie-und-Geld-Welt". Auf die Aktie (Risikoaktivum) wird eine unsichere, sich im Zeitablauf verändernde Dividende gezahlt; auf Geldbestände wird ein konstanter Zins gezahlt. Marktteilnehmer werden mit Lösungskandidaten gleichgesetzt, die auf Basis unterschiedlicher Strategien und Informationen Kauf- und Verkaufsentscheidungen treffen.

Rieck (1994) definiert eine Anzahl unterschiedlicher *Strategietypen.* Die Strategietypen legen fest, welche Informationen den Marktteilnehmern zur Verfügung stehen, wie aus den Informationen Erwartungen über den Wert des Risikoaktivums gebildet werden und die Allokation des Vermögens auf das risikolose und das risikobehaftete Aktivum erfolgt. Es werden Strategietypen unterschieden, die sich Informationen über den Fundamentalwert[1] des Risikoaktivums bedienen, und nicht-fundamentale Strategietypen, die Informationen aus vergangenen Kursen sowie aus einer Störquelle nutzen. Die Informationsaufbereitung geschieht entweder anhand von langfristigen Durchschnitten, gleitenden Durchschnitten oder der letzten Werte dieser Quellen.

Bestehende Marktteilnehmer verändern weder den angewandten Strategietyp

[1]Der Fundamentalwert ergibt sich hier als die Summe der zu einem konstanten Zins abdiskontierten zukünftigen Dividenden.

noch dessen Parameter. Zu Veränderungen von Strategien kommt es durch die Mutation während der Reproduktion. In jeder Periode werden Marktteilnehmer ausgewählt, die jeweils einen Nachkommen produzieren. Die Auswahlwahrscheinlichkeit ist proportional zum Vermögen der Marktteilnehmer. Der Nachkomme löscht einen anderen Marktteilnehmer und erhält dessen Aktiva-Ausstattung. Die Vorfahren geben an die Nachkommen den Strategietyp und die Parameterwerte weiter, wobei alle Parameterwerte leicht verändert werden. Verfügen Marktteilnehmer über Strategien, die zu einem überdurchschnittlichen Anstieg des Vermögens führen, dann weisen diese erhöhte Auswahlwahrscheinlichkeiten auf. Die erhöhten Auswahlwahrscheinlichkeiten führen zu einer überdurchschnittlichen Reproduktion dieser Marktteilnehmer und der mit ihnen verbundenen Strategien. Strategien, die zu einem unterdurchschnittlichen Anstieg des Vermögens führen, verfügen über geringere Auswahlwahrscheinlichkeiten und damit über eine unterdurchschnittliche Anzahl von Nachkommen.

Wenn ausschließlich fundamentalwert-orientierte Strategien in einer Population präsent sind, stellt die Entwicklung des Kurses eine geglättete Version der Entwicklung des Fundamentalwertes dar. Bei dem Fehlen von Fundamentalisten entwickelt sich der Kurs fast unabhängig vom Fundamentalwert. Stehen Fundamentalisten und Nicht-Fundamentalisten im Wettbewerb miteinander, so wird die Population nach einiger Zeit in der Regel von den Fundamentalisten dominiert, und der Kurs konvergiert gegen den Fundamentalwert. Allerdings werden starke Abweichungen des Kurses vom Fundamentalwert beobachtet, wenn Nicht-Fundamentalisten zugelassen werden, die unlimitierte Kauf- und Verkaufsaufträge erteilen. In Perioden mit Abweichungen vom Fundamentalwert können Marktteilnehmer mit diesen Strategien den Anteil ihres Vermögens am gesamten Vermögen erheblich ausweiten.

Rieck zeigt, daß Fundamentalisten nicht notwendigerweise den Wettbewerb gegen andere Ansätze der Aktiva-Bewertung gewinnen. Die Ergebnisse können als ein weiterer Widerspruch zur Friedmans (1953) Argument der „natürlichen Auslese“ gewertet werden.

3.2.3 Arifovic (1996)

Arifovic (1996) entwickelt basierend auf Kareken und Wallace (1981) ein dynamisches Zwei-Länder-Modell. Die Währungen der beiden Länder sind vollständig konvertibel; die Geldbestände werden nicht verzinst. Das Handeln der Individuen wird mit Hilfe eines Genetischen Algorithmus dargestellt.

In jeder Periode werden I Individuen der Generation t geboren. Die Individuen leben zwei Perioden. In der ersten Periode erhalten sie eine hohe und in der zweiten Periode eine niedrige Ausstattung. Die Nutzenfunktion ist durch

$$U_t(i) = \ln c_t^1(i) + \ln c_t^2(i) \tag{3.1}$$

gegeben, wobei $c_t^1(i)$ den Konsum von Individuum i der Generation t in der ersten und $c_t^2(i)$ denjenigen in der zweiten Periode darstellt.

Die Individuen können zum Ausgleich ihres intertemporalen Konsumplanes in ihrem ersten Lebensabschnitt sparen, indem sie einen Teil ihrer Ausstattung in den beiden Währungen anlegen. Die Preise der Währungen ergeben sich durch das Handeln der jungen Individuen am Markt. Die Konsummöglichkeiten der alten Individuen werden durch das Marktergebnis bestimmt.

Verhalten sich die Individuen nutzenmaximierend, ergibt sich ein Gleichgewicht, das dadurch gekennzeichnet ist, daß der Wechselkurs der Währungen im Zeitablauf konstant ist. Die Höhe des Wechselkurses ist unbestimmt (Kareken und Wallace 1981, S. 207).

Arifovic (1996) bildet das Handeln der Agenten durch einen binären Code ab. Der Code legt den Anteil des Sparens und die Aufteilung des Sparens auf die beiden Währungen fest. Die Preise der Währungen werden so bestimmt, daß das exogen gegebene Geldangebot dem nominellen Sparen der Individuen entspricht.

In jeder Periode wird eine neue Generation $(t+1)$ aus der jeweils „verstorbenen“ Generation $(t-1)$ erzeugt. Die Wahrscheinlichkeit, mit der der Code eines „verstorbenen“ Individuums für die Reproduktion ausgewählt wird, steht in Abhängigkeit von der relativen Fitneß dieses Individuums. Die Fitneß der Individuen entspricht dem erzielten Nutzenniveau. Die für die Reproduktion ausgewählten Lösungskandidaten unterliegen der Mutation und Rekombination[2].

Im Gegensatz zu dem konstanten Wechselkurs bei einem Nutzenmaximierungskalkül stellt sich bei Einsatz des Genetischen Algorithmus kein konstanter Wechselkurs ein. Die Höhe des Konsums in der ersten Periode entspricht etwa dem Gleichgewichtswert bei Nutzenmaximierung.

3.2.4 Lettau (1997)

Lettau (1997) modelliert die Allokationsentscheidung der Marktteilnehmer unter Verwendung eines Genetischen Algorithmus.

[2] Arifovic (1996) setzt darüber hinaus den Mechanismus der *Elektion* ein: Es wird die *potentielle Fitneß* von zwei Individuen der Eltern-Generation und von zwei neu erzeugten Individuen verglichen. In die neue Generation werden die beiden Individuen mit der höchsten potentiellen Fitneß übernommen. Die potentielle Fitneß ergibt sich auf Basis des Marktergebnisses der abgelaufenen Periode.

Die Individuen entscheiden über die Aufteilung ihres Vermögens auf ein Risikoaktivum und ein risikoloses Aktivum. Die Auszahlung auf das Risikoaktivum ist durch die Zufallsvariable $\tilde{v}$ gegeben. Analog zu den Modellen mit rationalen Erwartungen aus Kapitel 2 verfügen die Individuen über eine negativ exponentielle Nutzenfunktion mit konstanter absoluter Risikoaversion in Abhängigkeit vom Vermögen. Das Entscheidungskalkül besteht allerdings nicht aus einer Maximierung des Erwartungsnutzens, sondern wird mit Hilfe eines Genetischen Algorithmus abgebildet. Die Preise sind exogen und werden nicht durch das Handeln der Agenten beeinflußt.

Den Marktteilnehmern ist der Preis p und der Erwartungswert der Auszahlung auf das Risikoaktivum $\bar{v}$ bekannt. Die Nachfragefunktion nach dem Risikoaktivum ist durch

$$x_i = \alpha_i(\bar{v} - p) \tag{3.2}$$

gegeben, wobei α_i die Entscheidungsvariable des Marktteilnehmers i darstellt.

Die Population besteht aus $J = 30$ Marktteilnehmern mit jeweils einem binären Code der Länge $L = 20$, der den Parameter α_i spezifiziert. In jeder Periode t werden S Realisationen der Auszahlung $\tilde{v}$ bestimmt. Die Fitneß der Lösungskandidaten ergibt sich als Summe der bei den S Ziehungen erzielten Nutzenniveaus. Für die Periode $t+1$ werden aus der Population der Periode t die Anzahl von J Lösungskandidaten ausgewählt. Die Auswahlwahrscheinlichkeiten ergeben sich in Abhängigkeit von der Fitneß in der Periode t. Die ausgewählten Lösungskandidaten unterliegen der Mutation und Rekombination.

Verglichen mit einer Maximierung des Erwartungsnutzens halten die Individuen unter Anwendung des Genetischen Algorithmus risikoreichere Portfolios. Mit steigender Anzahl der Ausschüttungen pro Periode S nähert sich die Risikopositionierung dem optimalen Wert an.

3.2.5 Bewertung

Im Gegensatz zu den Arbeiten der Behavioral Finance werden in den zuletzt vorgestellten Modellen fehlspezifizierte Verhaltensweisen erkannt und verworfen. In der Population setzen sich langfristig die Strategien durch, die am besten an die Umweltbedingungen, beispielsweise an die Auszahlungen des Risikoaktivums im Modell von Lettau (1997), angepaßt sind.

Genetische Algorithmen und Evolutionsstrategien sind in einer engen Analogie zur biologischen Evolution formuliert. Der binäre Code bzw. die realwertigen

Vektoren können als *Gene* und die daraus abgeleiteten Parameter als *Phänotypen* der Individuen interpretiert werden.

Auf die Problematik von Analogiekonstruktionen zur Abbildung der vom menschlichen Handeln geprägten sozioökonomischen Evolution verweist Witt (1987, S. 83). Die Anpassung an die Umweltbedingungen wird ausschließlich durch eine Auslese der Individuen erklärt. Die Individuen, deren Phänotypen den vorherrschenden Umweltbedingungen besonders gut entsprechen, verfügen über erhöhte Reproduktionsraten und geben so ihre Gene an eine relativ hohe Anzahl von Nachkommen weiter. Zukünftige Populationen werden folglich von Individuen mit diesen Genen dominiert. Die Anpassung einer Population an veränderte Bedingungen kann mithin im biologischen Evolutionsmodell erst nach einiger Zeit durch das Auftreten neuer Generationen erfolgen.

In der sozioökonomischen Evolution mag es eine Analogie zu der natürlichen Auslese geben. Erfolgreiche Unternehmen prosperieren und können einen steigenden Anteil der Ressourcen auf sich vereinigen. Erfolglose Unternehmen verlieren Ressourcen und scheiden langfristig aus dem Markt aus (Friedman 1953, S. 22). Neben der im Abschnitt 2.6.2 dargestellten Problematik dieser Argumentation ist zu bedenken, daß im sozioökonomischen Zusammenhang die Auslese nur einen Teil der Mechanismen zur Anpassung umfaßt. Darüber hinaus besteht die Möglichkeit, daß *existierende* Individuen ihren Phänotyp, d.h. ihr Verhalten, verändern. Diese Möglichkeit der Anpassung spiegelt die menschliche Lern- und Erkenntnisfähigkeit wider, die im biologischen Evolutionsmodell und damit in den Analogiekonstruktionen unberücksichtigt bleibt (Witt 1987, S. 89).

3.3 Modellierungen auf Basis von Klassifizierer-Systemen

Als eine weitere Alternative zum Optimierungskalkül der neoklassischen Theorie werden von Holland et al. (1986) Klassifizierer-Systeme vorgeschlagen.

Marengo und Tordjman (1996) sowie Arthur et al. (1997) setzen Klassifizierer-Systeme zur Modellierung des Verhaltens von Teilnehmern an Kapitalmärkten ein. In diesem Abschnitt erfolgt eine ausführliche Darstellung des Modells von Arthur et al. (1997). Dieser Ansatz weist eine Reihe von Parallelen zu dem in Kapitel 4 zu entwickelnden Kapitalmarktmodell auf.

3.3.1 Das Konzept

Klassifizierer-Systeme modellieren die Entscheidungskalküle der Individuen durch eine Ansammlung von elementaren kognitiven Einheiten, den Klassifizierern. Jeder Klassifizierer vereinigt die Komponenten Perzeption, Kategorisierung und Aktion, d.h., es werden Informationen aus der Umwelt aufgenommen, verarbeitet und dem Individuum eine Verhaltensalternative vorgeschlagen (Lane 1993, S. 180). Die vorgeschlagenen Verhaltensalternativen können auf heterogenen (unvollständigen) Informationen und auf unterschiedlicher (imperfekter) Informationsverarbeitung beruhen.

Im Unterschied zu Genetischen Algorithmen und Evolutionsstrategien stehen jedem Marktteilnehmer ein Bündel an alternativen Verhaltensmustern zur Verfügung. Die Anpassung der Population an die Umweltbedingungen ist nicht mehr an das Auftreten neuer Individuen geknüpft.

Das Individuum ordnet den Klassifizierern Auswahlwahrscheinlichkeiten zu. Diese Wahrscheinlichkeiten sind in erster Linie durch die historische Leistung der Klassifizierer bestimmt. Das Verhalten des Individuums entspricht dem Vorschlag des ausgewählten Klassifizierers. Ein „Lernen" von Individuen kann in Klassifizierer-Systemen aufgrund zweier Mechanismen dargestellt werden. Zum einen kann den erfolgreichen Klassifizierern eine höhere Qualität zugewiesen werden. Zum anderen können alte Klassifizierer mit geringer Qualität durch neue ersetzt werden.

Informationen, Bedingungen und Aktionen

Holland et al. (1986) formulieren Klassifizierer stets als Bedingungs-Aktions-Paare. Aktionen können von einem Klassifizierer ausgelöst werden, wenn die vorliegenden Informationen den Bedingungsteil erfüllen.

Informationen, Bedingungen und Aktionen werden als $k-$Tupel dargestellt. Informationen $m_1, m_2, \ldots, m_j, \ldots, m_k$ liegen in binärer Form vor und können aus Beobachtungen der Umwelt oder aus dem Output anderer Klassifizierer bestehen. Bedingungen $s_1, s_2, \ldots, s_j, \ldots, s_k$ und Aktionen $a_1, a_2, \ldots, a_j, \ldots, a_k$ werden mit Hilfe der Symbole $\{0, 1, \#\}$ codiert.

Eine Bedingung ist durch eine Information erfüllt, falls an jeder Stelle Bedingung und Information die gleichen Symbole aufweisen oder falls an nicht übereinstimmenden Stellen der Bedingungsteil das Symbol # enthält. Die Bedingung 1101# wird beispielsweise von den Informationen 11011 und 11010 erfüllt. Ist die Bedingung erfüllt, so legt der Aktionsteil den Output des Klassifizierers fest. An Stellen, an denen der Aktionsteil das Symbol # aufweist, wird das entsprechende Symbol aus der Information eingesetzt. Erfüllen zum

Beispiel die Informationen 00110 und 00111 den Bedingungsteil und ist der Aktionsteil mit 1111# spezifiziert, so liefert der Klassifizierer im Falle der ersten Information den Output 11110 und im Falle der zweiten Information den Output 11111[3][4].

Bewertung und Auswahl der Klassifizierer

Jedes Individuum verfügt über die Anzahl von $1, \ldots, l, \ldots, L$ alternativen Klassifizierern. Werden von den Klassifizierern mit erfülltem Bedingungsteil sich widersprechende Aktionen vorgeschlagen, so wird in einem „Wettbewerb" bestimmt, welcher Klassifizierer von dem Individuum zu aktivieren ist. Im Rahmen dieses Wettbewerbs werden von allen Klassifizierern mit erfülltem Bedingungsteil Gebote abgegeben. Die Höhe der Gebots $B(ilt)$ des Klassifizierers l von Individuum i in der Periode t steht in positiver Abhängigkeit von der *Stärke* $S(ilt)$ und der *Spezifität* $R(ilt)$[5].

$$B(ilt) = f\left[R(ilt), S(ilt)\right] \tag{3.3}$$

Die Stärken spiegeln die Erinnerung der Individuen daran wider, welches Ergebnis (Auszahlung) die Individuen bei Einsatz der einzelnen Klassifizierer in der Vergangenheit erzielt haben. Die Spezifität mißt, wie detailliert der Bedingungsteil formuliert ist. Operationalisiert wird die Spezifität anhand der Anzahl der nicht−# Elemente im Bedingungsteil. Je mehr # Elemente der Bedingungsteil aufweist, desto geringer ist die Spezifität.

Die Auswahl der zu aktivierenden Klassifizierer erfolgt stochastisch, wobei die Auswahlwahrscheinlichkeiten in Abhängigkeit von der Höhe der Gebote bestimmt werden.

[3]Holland et al. (1986) unterscheiden Einfach-Klassifizierer-Systeme und Klassifizierer-Systeme. Einfach-Klassifizierer-Systeme bestehen aus einer Anzahl von l Klassifizierern sowie einem Input- und einem Output-Interface zur Kommunikation mit der Umwelt.

In Klassifizierer-Systemen werden Einfach-Klassifizierer-Systeme durch das Verknüpfen der Input- und Output-Interfaces zu Netzen zusammengeschlossen. Der Output von vorgelagerten Klassifizierern bestimmt den Input der nachgelagerten Klassifizierer. Die von den zuletzt aktivierten Klassifizierern vorgeschlagenen Aktionen bestimmen den Output des Individuums.

Im Rahmen dieser Arbeit werden ausschließlich Einfach-Klassifizierer-Systeme betrachtet.

[4]Um einen Vergleich des Konzepts der Klassifizierer-Systeme mit dem Konzept des evolutorischen Kapitalmarktmodells aus Kapitel 4 zu erleichtern, wird die Notation aus den ursprünglichen Quellen weitgehend aufgegeben.

[5]In Systemen mit mehreren Ebenen von Einfach-Klassifizierer-Systemen steht das Gebot in zusätzlicher Abhängigkeit von der *Unterstützung* $V(ilt)$. Die Unterstützung entspricht der Summe aller Gebote der vorgelagerten Klassifizierer, deren Output den Bedingungsteil von l erfüllen.

Variation

Neue Klassifizierer werden durch einen Genetischen Algorithmus erzeugt. Dabei können sowohl die Mechanismen Mutation als auch Rekombination zum Einsatz kommen. Im Rahmen der Rekombination werden neue Klassifizierer durch Kombination von Blöcken, d.h. Gruppen aus $\{0, 1, \#\}$ Elementen, von existierenden Klassifizierern (Elternteile) mit hohen Stärken erzeugt. Die Mutation führt zu zufälligen Veränderungen von Klassifizierern. Die Mechanismen werden sowohl auf die Bedingungsteile als auch auf die Aktionsteile angewandt. Mutationen und Rekombinationen können zu Spezifizierungen oder Generalisierungen führen. Spezifizierungen liegen vor, wenn 0– oder 1–Elemente durch ein #–Elemente ersetzt werden. Im Zuge von Generalisierungen werden #–Elemente durch 0– oder 1–Elemente ersetzt. Die neu erzeugten Klassifizierer ersetzen alte Klassifizierer mit geringen Stärken.

3.3.2 Marengo und Tordjman (1996)

Marengo und Tordjman (1996) entwickeln ein Modell zur Bestimmung des Wechselkurses in einer Zwei-Aktiva-Welt. Auf beide Aktiva erfolgen keine Auszahlungen wie Dividenden oder Zinszahlungen.

Die Erwartungsbildung und Allokationsentscheidung wird simultan unter Einsatz eines Klassifizierer-Systems getroffen. Die Klassifizierer bestehen jeweils aus einem Bedingungs-Aktions-Paar. Der Bedingungsteil des Klassifizierers legt die Anforderungen an eine Marktsituation fest. Die Marktsituation wird anhand der drei Variablen Preis der letzten Periode, gleitender Durchschnitt des Preises in den letzten k Perioden und das Verhältnis zwischen Anzahl der Käufer und Verkäufer beschrieben. Die drei Variablen werden jeweils binär codiert. Der Aktionsteil schlägt eine von drei möglichen Handlungsalternativen vor:

- Erteilen einer Kauforder über eine Einheit des Risikoaktivums,
- Erteilen einer Verkaufsorder über eine Einheit des Risikoaktivums,
- eine Order wird nicht erteilt.

Der einzusetzende Klassifizierer wird stochastisch aus der Menge aller Klassifizierer mit erfülltem Bedingungsteil ermittelt. Die Auswahlwahrscheinlichkeiten der Klassifizierer sind proportional zu der Höhe des Gebots $B(ilt)$. $R(ilt)$ ist die Spezifität, $S(ilt)$ ist die Stärke, und k_1, k_2 und k_3 sind exogene Koeffizienten.

$$B(ilt) = k_1(k_2 + k_3R(ilt))S(ilt) \quad (3.4)$$

Die Stärke $S(ilt)$ der aktuellen Periode entspricht der Stärke der Vorperiode, korrigiert um die Differenz zwischen Belohnung $P(t)$ und Gebot $B(ilt)$. Es wird jeweils nur die Stärke des aktivierten Klassifizierers aktualisiert. Die Belohnung ist beispielsweise positiv, falls der Klassifizierer zum Zeitpunkt t ein Kaufsignal liefert und der Preis von $t-1$ nach t fällt, oder negativ, wenn in gleicher Marktsituation ein Verkaufssignal ausgegeben wird. Die Belohnungsstruktur wird durch exogene Parameter gesteuert.

$$S(ilt) = S(i, l, t-1) + P(t-1) - B(ilt) \quad (3.5)$$

Neue Klassifizierer werden durch einen Genetischen Algorithmus erzeugt. Die Aktionsteile der Klassifizierer unterliegen ausschließlich der Mutation. Zur Variation der Bedingungsteile werden sowohl Rekombination als auch Mutation eingesetzt. Die Auswahlwahrscheinlichkeit der Elternteile für die Rekombination ist abhängig von ihrer Stärke. Die Intensität der Variation wird exogen determiniert und ist unabhängig von der Marktsituation oder dem Erfolg der Individuen.

Die Ermittlung des Marktpreises $p(t)$ erfolgt entsprechend Gleichung (3.6) auf Basis einer einfachen Preisanpassungsregel. I_B symbolisiert die Anzahl der Kauforders, I_S die Anzahl der Verkaufsorders und I die Gesamtzahl der Agenten in der Simulation.

$$p(t) = p(t-1)\left(1 + \frac{I_B - I_S}{I}\right) \quad (3.6)$$

Die Anzahl der möglichen Transaktionen wird durch $min\{I_B, I_S\}$ festgelegt. Auf der größeren Marktseite werden die auszuführenden Aufträge zufällig bestimmt.

Die Simulationen werden mit $I = 101$ Agenten und alternativen Parameterkonstellationen durchgeführt. In den Simulationen lösen sich Phasen mit spekulativen Blasen und Phasen mit relativer Stabilität der Preise ab. Die Varianz der Preise steht in Abhängigkeit von dem Gewicht der Spezifität in der Bestimmung des Gebots. Ein Absenken des Parameters k_3 führt zu einer höheren Varianz der Preise. In allen Phasen kann eine hohe Heterogenität in den erteilten Aufträgen beobachtet werden. So ist die Anzahl der nicht ausgeführten Aufträge gering.

Unklar bleibt, inwieweit die Ergebnisse von der exogenen Belohnungsstruktur $P(t)$ abhängig sind. Ein Handeln zum Zeitpunkt t, das für den Erfolg des

Marktteilnehmers im Zeitraum von t nach $t+1$ verantwortlich ist, wird anhand des Marktergebnisses im Zeitraum von $t-1$ nach t bewertet.

3.3.3 Arthur et al. (1997)

Arthur, Holland, LeBaron, Palmer und Taylor (1997) und LeBaron, Arthur und Palmer (1997) entwickeln eine „Eine-Aktie-und-Geld-Welt“ in der Marktteilnehmer Erwartungen mit Hilfe von Klassifizierer-Systemen bilden. Die Allokationsentscheidung und Preisbildung stehen in weitgehender Analogie zu neoklassischen Ansätzen. Auf das Risikoaktivum erfolgt in jeder Periode eine Dividendenausschüttung in Höhe von $d(t)$, und Geldbestände werden mit dem konstanten Satz r verzinst.

Erwartungsbildung

Von jedem Marktteilnehmer i werden in jeder Periode t Erwartungen über die Summe $s(t)$ aus Preis $p(t)$ und Dividendenzahlung $d(t)$ des Risikoaktivums in der nächsten Periode gebildet.

$$s(t) = p(t) + d(t) \tag{3.7}$$

Zur Erwartungsbildung unterstellen alle Marktteilnehmer einen linearen Zusammenhang in Abhängigkeit von der Ausprägung der aktuellen Periode. $s^e(it)$ ist die in der Periode t für die Periode $t+1$ gebildete Erwartung.

$$s^e(it) = a(it) \cdot s(t) + b(it) \tag{3.8}$$

Zur Bestimmung der Parameter $a(it)$ und $b(it)$ setzen die Marktteilnehmer eine Variante der Klassifizierer-Systeme ein. Die Klassifizierer sind wiederum als Bedingungs-Aktion-Paare formuliert. Der Bedingungsteil legt die Anforderung an die Marktsituation fest, in der der Aktionsteil ausgelöst werden kann. Die Marktsituation wird als $k-$Tupel $m_1, m_2, \ldots, m_k, \ldots, m_K$ in digitaler Form beschrieben. Jedes Bit m_k bezieht sich auf eine bestimmte stilisierte Marktgegebenheit. Es werden technische und fundamentale Marktgegebenheiten unterschieden. Technische Marktgegebenheiten sind ausschließlich in Abhängigkeit von Marktpreisen formuliert. Die Formulierung von fundamentalen Marktgegebenheiten steht zusätzlich in Abhängigkeit vom Fundamentalwert des Risikoaktivums. Das Bit m_2 wird beispielsweise auf eins gesetzt, wenn $p(t)/[d(t)/r] > 0,5$ gilt, d.h., wenn der aktuelle Preis den Fundamentalwert um den Faktor 2 übersteigt (fundamentale Marktgegebenheit). Übersteigt der aktuelle Preis den gleitenden Durchschnitt aus fünf Perioden, wird das Bit m_7 aktiviert (Beispiel für eine technische Marktgegebenheit).

Abweichend von Holland et al. (1986) wählen die Marktteilnehmer aus allen Klassifizierern mit erfülltem Bedingungsteil deterministisch denjenigen mit der höchsten Bewertung aus. Der Aktions-Teil des Klassifizierers liefert konkrete Zahlenwerte für die Parameter $a(it)$ und $b(it)$ aus Gleichung (3.8).

Bewertung der Klassifizierer

Ausgangspunkt der Bewertung sind die quadratischen Abweichungen zwischen erwartetem Wert und tatsächlicher Ausprägung von $s()$. Die Bewertung $e^2(ilt)$ ist ein mit dem exogenen Parameter θ gewichtetes Mittel aus der Bewertung der letzten Periode und der quadratischen Abweichung in der aktuellen Periode. Je kleiner $e^2(ilt)$, desto besser wird die Leistung des Klassifizierers beurteilt. Die Bewertung wird aktualisiert, falls der Bedingungsteil des Klassifizierers erfüllt ist.

$$e^2(ilt) = (1-\theta)e^2(i,l,t-1) + \theta\left[s^e(ilt) - s(t+1)\right]^2, \qquad \theta \leq 1 \tag{3.9}$$

Die Auswahlwahrscheinlichkeit zur Aktivierung eines Klassifizierers wird durch die Höhe des Gebotes $B(ilt)$ bestimmt. Das Gebot wird durch die Bewertung $e^2(ilt)$ und die Spezifität $R(ilt)$ festgelegt.

$$B(ilt) = f(e^2(ilt), R(ilt)) \tag{3.10}$$

$$\frac{\partial B(ilt)}{\partial e^2(ilt)} < 0, \qquad \frac{\partial B(ilt)}{\partial R(ilt)} > 0$$

Allokationsentscheidung

Die Marktteilnehmer verfügen in Analogie zum Modell mit rationalen Erwartungen aus dem Abschnitt 2.3 über eine exponentielle Nutzenfunktion $U[w(it)] = -exp[-\lambda w(it)]$ in Abhängigkeit vom Vermögen $w(it)$. Da eine „Eine-Aktie-und-Geld-Welt" betrachtet wird und da eine Normalverteilung des Preises und der Dividende der nächsten Periode unterstellt wird, ergibt sich die Nachfragefunktion für das Risikoaktivum $x(it)$ entsprechend Gleichung (3.11)[6].

[6] Vgl. Gleichung (2.12) aus Abschnitt 2.3.

Die erwartete Varianz $\sigma_s^2(it)$ wird in Abhängigkeit von der Bewertung $e^2(ilt)$ bestimmt.

$$x(it) = \frac{s^e(it) - p(t)(1+r)}{\lambda\sigma_s^2(it)} \tag{3.11}$$

Der Gleichgewichtspreis wird so bestimmt, daß bei exogen gegebenem Angebot die aggregierte Überschußnachfrage null beträgt.

Variation

In einem Abstand von k Perioden kommt es zur Variation der Klassifizierer. Die 20 Prozent der Klassifizierer eines Marktteilnehmers mit der schlechtesten Bewertung werden durch neue ersetzt. Die neuen Klassifizierer werden durch einen Genetischen Algorithmus erzeugt, wobei die Mechanismen Mutation und Rekombination eingesetzt werden. Die Auswahlwahrscheinlichkeit, mit der bestehende Klassifizierer für die Rekombination als Elternteil herangezogen werden, steht in Abhängigkeit von der Höhe des Gebots $B(ilt)$.

Ergebnisse

Die Simulationen werden mit $I = 25$ Agenten, die jeweils über $L = 100$ alternative Klassifizierer verfügen, durchgeführt. Die Marktsituation und die Bedingungsteile der Klassifizierer werden durch $K = 12$-Tupel dargestellt.

Es werden mit niedriger und hoher Suchaktivität ($k = 1000$ und $k = 250$) zwei alternative Szenarien betrachtet. Im Szenario mit hoher Suchaktivität wird der Genetische Algorithmus häufiger gestartet, der Parameter θ und die Mutationswahrscheinlichkeit relativ zur Rekombinations-Wahrscheinlichkeit erhöht.

Obwohl die Marktteilnehmer mit einer nicht-rationalen Erwartungsbildung starten, konvergieren im Szenario mit niedriger Suchaktivität die Marktpreise nach einiger Zeit gegen die Preise, die sich bei rationalen Erwartungen einstellen würden. Die getätigten Umsätze bleiben auf einem niedrigen Niveau. Es können weder spekulative Blasen, Kursstürze noch Handeln auf Basis von technischen Marktgegebenheiten beobachtet werden.

Im Szenario mit hoher Suchaktivität kommt es zu spekulativen Blasen. Es können Differenzen zwischen den simulierten Preisen und Preisen entsprechend rationaler Erwartungen beobachtet werden. Die Differenzen sind im Zeitablauf nicht konstant; sie weisen teilweise erhebliche Sprünge auf. Weiterhin werden in diesem Szenario Erwartungen verstärkt auf Basis von technischen Marktgegebenheiten gebildet. Die Umsätze steigen im Vergleich zum ersten Szenario erheblich an.

Für beide Szenarien wurden die Autokorrelationen der Volatilität und der Umsatz sowie die Korrelation zwischen Volatilität und Umsatz untersucht. Die Autokorrelationen bis fünfter Ordnung sind signifikant positiv. Ebenso können positive Korrelationen zwischen Volatilität und Umsatz beobachtet werden.

3.3.4 Bewertung

Im Unterschied zu Genetischen Algorithmen und Evolutionsstrategien ist das Auftreten von Neuerungen in Klassifizierer-Systemen nicht mehr an einen Wechsel der Generationen geknüpft. Existierende Individuen verwerfen als unbrauchbar erwiesene Verhaltensweisen und suchen nach neuen Ansätzen zur Erwartungsbildung und Allokationsentscheidung.

Wie bei den Modellen aus dem Abschnitt 3.2 erfolgt keine ökonomisch fundierte Bestimmung der Variationswahrscheinlichkeiten. Im Modell von Arthur et al. (1997) kommt es zu einer Variation der Klassifizierer im festen Abstand von k Perioden, mit k als exogen gegebenem Parameter. In der sozioökonomischen Evolution sind hingegen ökonomische Bestimmungsgründe für die Intensität der Suche nach Neuerungen denkbar (Witt 1987, S. 89). Die Häufigkeit des Auftretens von Neuerungen kann beispielsweise in Abhängigkeit vom erwarteten Gewinn modelliert werden (Kwasnicki und Kwasnicka 1992, S. 346).

Die Bewertung der Klassifizierer ist im wesentlichen vergangenheitsbezogen. Es wird jeweils unterstellt, daß die zukünftige Leistung der Verhaltensweisen auf Basis der zuletzt gemessenen Leistung bestimmt werden kann. Alternative Hypothesen bezüglich der erwarteten Qualität von Verhaltensweisen werden nicht betrachtet.

Zur Variation von Klassifizierer-Systemen kommt es durch Mutation und Rekombination. Diese Mechanismen werden auf die Klassifizierer-Bestände eines Systems, d.h. eines Marktteilnehmers, angewandt. Eine Kommunikation zwischen Klassifizierer-Systemen im Sinne einer Imitation erfolgreicher Klassifizierer aus den Systemen anderer Individuen wird nicht betrachtet.

3.4 Zusammenfassung und Überleitung

In diesem Kapitel wurden Arbeiten aus dem Bereich der *Behavioral Finance* sowie Modellierungen auf Basis von Genetischen Algorithmen, Evolutionsstrategien und Klassifizierer-Systemen als Alternativen zum Konzept der rationalen Erwartungen vorgestellt.

Im folgenden Teil ist die Arbeit der Entwicklung eines evolutorischen Kapitalmarktmodells auf Basis des Konzepts der Organisation von Nelson und Winter (1982) gewidmet. Anstelle der Klassifizierer von Holland et al. (1986) treten „Routinen" als die elementaren Träger des Wissens der Marktteilnehmer. Kapitel 4 stellt das Modell in seinen Grundzügen vor. Eine Diskussion der Gemeinsamkeiten und Unterschiede von Ansätzen mit rationalen Erwartungen, Klassifizierer-Systemen und des neu zu entwickelnden Modells erfolgt im Kapitel 5.

Teil II

Ein neuer Ansatz

Kapitel 4

Das evolutorische Kapitalmarktmodell

In dem zu entwickelnden evolutorischen Kapitalmarktmodell werden Marktteilnehmer als Organisationen im Sinne von Nelson und Winter (1982) aufgefaßt. Das Verhalten zur Erwartungsbildung und Allokationsentscheidung wird mit Hilfe von Routinen abgebildet. Routinen sind als regelmäßige, vorhersagbare Verhaltensmuster definiert. Jeder Marktteilnehmer verfügt über eine Anzahl alternativer Routinen. Die Routinen mit der höchsten erwarteten Qualität werden aktiviert und bestimmen das tatsächliche Verhalten der Marktteilnehmer. Nicht aktivierte, latente Routinen unterliegen der Imitation und Innovation. Auf Basis der Erwartungsbildung und Allokationsentscheidung erteilen die Marktteilnehmer Kauf- und Verkaufsaufträge für einzelne Aktiva. Die Aufträge werden gesammelt, um auf Kassamärkten markträumende Gleichgewichtspreise zu bestimmen.

Im Gegensatz zu den Modellen mit rationalen Erwartungen aus Kapitel 2 und dem Ansatz von Arthur et al. (1997) aus Abschnitt 3.3.3 wird ein Modell mit einem rein spekulativen Verhalten der Marktteilnehmer entworfen. Auf die betrachteten Aktiva erfolgen weder Zins- noch Dividendenzahlungen. Das Motiv der Marktteilnehmer zum Erwerb von Risikoaktiva liegt in der Erwartung steigender Preise.

Dieses Kapitel stellt das Modell in seinen Grundzügen vor. Es werden die Prinzipien zur Modellierung der Erwartungsbildung, Allokationsentscheidung und Verhaltensrevision aufgezeigt. Die Spezifikation des Modells mit konkreten Verhaltensweisen erfolgt in Kapitel 6.

4.1 Zur Notation

Der Zeitindex t gibt einen Zeitpunkt aus stetiger Zeit an. t° bezeichnet einen Zeitpunkt mit der Eigenschaft $t^\circ = t - \lambda$ mit $\lambda \to 0$. Ist t der aktuelle Zeitpunkt, umfaßt $\mathbf{t}$ alle Zeitpunkte der Vergangenheit einschließlich t. $\mathbf{t}^\circ$ subsumiert alle Zeitpunkte der Vergangenheit mit Ausnahme von t. Ist eine Variable mit dem Zeitindex t indiziert und existiert keine Ausprägung für den Zeitpunkt t, erfolgt ein Rückgriff auf die nächste verfügbare Ausprägung der Variable zum Zeitpunkt t' mit $t' \leq t$.

Die Variable $R(ilmnt)$ hat die Indizes i, l, m, n, und t. Der Index l läuft von 1 bis L. Das Variablensymbol in Fettschrift stellt einen Vektor dar, der sämtliche Ausprägungen der Variable subsumiert, deren Index nicht aufgeführt ist. So umfaßt zum Beispiel das Symbol $\mathbf{R}(imnt)$ alle Ausprägungen von $R(i, l = 1, m, n, t)$ bis $R(i, l = L, m, n, t)$.

Alle Variablen, mit Ausnahme der diskreten Indizes, die nur ganzzahlige Werte annehmen, werden durch einen hochgestellten Querstrich, zum Beispiel $\bar{g}$, gekennzeichnet. Wird eine reelle Zahl in eine Ganzzahl überführt, so wird stets abgerundet.

In dem zu entwickelnden Modell wird zwischen tatsächlichem und potentiellem Verhalten von Marktteilnehmern unterschieden. Variablen, die sich auf das potentielle Verhalten beziehen, werden mit dem Symbol ¨ überschrieben. Daneben wird zwischen tatsächlichen und virtuellen Aktiva-Beständen unterschieden. Die virtuellen Bestände werden ebenfalls mit dem Symbol ¨ überschrieben.

Charakteristika der Marktteilnehmer, die sich aus Routinen modellendogen bestimmen, werden mit griechischen Kleinbuchstaben bezeichnet. Griechische Großbuchstaben bezeichnen hingegen exogene Parameter, die sich nicht aus den Routinen ergeben.

Anhang A enthält eine Zusammenstellung der im Modell eingesetzten Variablen, Charakteristika und Parameter.

4.2 Das evolutorische Grundmodell

Die Marktteilnehmer entscheiden über die Aufteilung ihres Vermögens auf $j = 1, \ldots, J$ Aktiva. Die Aktiva können risikolos oder risikobehaftet sein. Ausschüttungen auf die Aktiva, wie Zins- und Dividendenzahlungen, werden nicht betrachtet. Die Marktteilnehmer $i = 1, .., I$ verfügen über eine negativ exponentielle Nutzenfunktion der Form

$$U(it) = -e^{-\Lambda(i) r_{pf}(it)}. \tag{4.1}$$

Der Nutzen zum Zeitpunkt t wird bestimmt durch den zuletzt realisierten Ertrag des vom Marktteilnehmer gehaltenen Portfolios $r_{pf}(it)$. Der exogene Parameter $\Lambda(i)$ legt die konstante absolute Risikoaversion fest.

Auf Basis von Indikatoren werden Erwartungen zu den Erträgen und zu den Risiken der Aktiva gebildet. Die Erwartungen fließen in die Allokationsentscheidungen und anschließend in die Kauf- und Verkaufsorders der Marktteilnehmer ein.

Die Preise der Aktiva $p(jt)$ bestimmen sich aufgrund der getätigten Orders auf Kassamärkten. Transaktionskosten und Kosten der Informationsbeschaffung werden nicht berücksichtigt.

Marktteilnehmer bewerten die Qualität ihrer Erwartungsbildung und Allokationsentscheidung. Infolge dieser Bewertungen revidieren die Marktteilnehmer ihr Verhalten.

Marktteilnehmer als Organisationen im Sinne von Nelson und Winter (1982)

Die Modellierung der Teilnehmer am Kapitalmarkt erfolgt in einer losen Analogie zum Konzept der Organisation von Nelson und Winter (1982). Nelson und Winter bilden das Verhalten von Organisationen mit Hilfe von *Routinen* ab. Routinen sind als regelmäßige, vorhersagbare Verhaltensmuster definiert. Die Umsetzung des Konzeptes von Nelson und Winter lehnt sich an einen Vorschlag von Kwasnicki und Kwasnicka (1992) an.

Zur Modellierung des Verhaltens der Marktteilnehmer wird in dem zu entwickelnden Kapitalmarkt-Modell zwischen **Aufgaben**, **Charakteristika**, **Routinensätzen** und **Routinen** unterschieden.

Das gesamte Handeln eines Marktteilnehmers wird in einzelne **Aufgaben** untergliedert. Jeder Marktteilnehmer bearbeitet die Anzahl von $m = 0, ..., J$ Aufgaben. Aufgaben sind die Bildung von Ertragserwartungen ($m = 1, ..., J$) für die einzelnen Aktiva sowie die Bildung von Risikoerwartungen und das Treffen der Allokationsentscheidung ($m = 0$). Für das Bearbeiten einer Aufgabe stehen dem Marktteilnehmer alternative Verhaltensweisen zur Verfügung.

Eine Verhaltensweise eines Marktteilnehmers bei der Bearbeitung einer Aufgabe wird durch eine Anzahl von **Charakteristika** beschrieben. Die

Charakteristika legen sowohl die Art der zur Bearbeitung angewandten Verfahren als auch die Parameter der Verfahren fest.

Die Charakteristika einer Verhaltensweise ergeben sich aus einem **Routinensatz** l. Ein Marktteilnehmer verfügt zur Bearbeitung einer Aufgabe über die Anzahl von $l = 1, ..., L$ *alternativer* Routinensätze. Aus der Gesamtzahl der Routinensätze wählt der Marktteilnehmer einen Satz als aktiv aus. Der aktive Satz bestimmt das tatsächliche Verhalten. Die übrigen Sätze sind latent und haben keinen Einfluß auf das augenblickliche Verhalten. Jeder Routinensatz setzt sich aus der Anzahl von $n = 1, ..., N$ Routinen zusammen.

Routinen sind die elementaren Träger des Wissens der Marktteilnehmer. Sie werden als ganzzahlige Werte aus einem vorgegebenen Intervall dargestellt. Jede Routine $R(ilmnt)$ kann einem Marktteilnehmer i, einem Routinensatz l und einer Aufgabe m zugeordnet werden. Die Routinen der latenten Sätze unterliegen im Zeitablauf der Variation.

Beispielhaft zeigt Abbildung 4.1 diese Systematik für einen Marktteilnehmer im Überblick. Der Marktteilnehmer i bearbeitet die Aufgaben $m = 0$ (Bildung der Risikoerwartungen und Allokationsentscheidung) und $m = 1$ (Bildung der Ertragserwartungen für das Aktivum $j = 1$). Der Marktteilnehmer verfügt über $L = 3$ alternative Routinensätze. Jeder Routinensatz besteht aus N Routinen. Aus jedem Routinensatz werden Charakteristika bestimmt. Für die Aufgabe $m = 0$ bestimmen die Charakteristika des aktiven Satzes 2 das tatsächliche Verhalten. Alle Routinensätze unterliegen der Bewertung. Auf Basis der Bewertung erfolgt die Auswahl des aktiven Satzes für die nächste Periode. Die latenten Sätze unterliegen der Variation.

Jedem Marktteilnehmer ist ein Bestand $X(ijt)$ an Aktiva zugeordnet. Die Aktivabestände werden zu Beginn der Simulation exogen gesetzt. Durch seine Routinen $\mathbf{R}(it)$, seinen Bestand an Aktiva $\mathbf{X}(it)$ und eine Anzahl an exogenen Parametern ist jeder Marktteilnehmer vollständig beschrieben.

Indikatoren

Erwartungen bezüglich des Ertrages und des Risikos von Aktiva werden auf Basis von Indikatoren $I(s = 1, ..., S; t)$ gebildet. Indikatoren können historische Preise der Aktiva $\mathbf{p}$ oder makroökonomische Variablen und andere Stimmungsindikatoren $\Re$ unfassen. Für $s \in \{1, \cdots, J\}$ mit $J \leq S$ enthalten die Indikatoren die Aktiva-Preise.

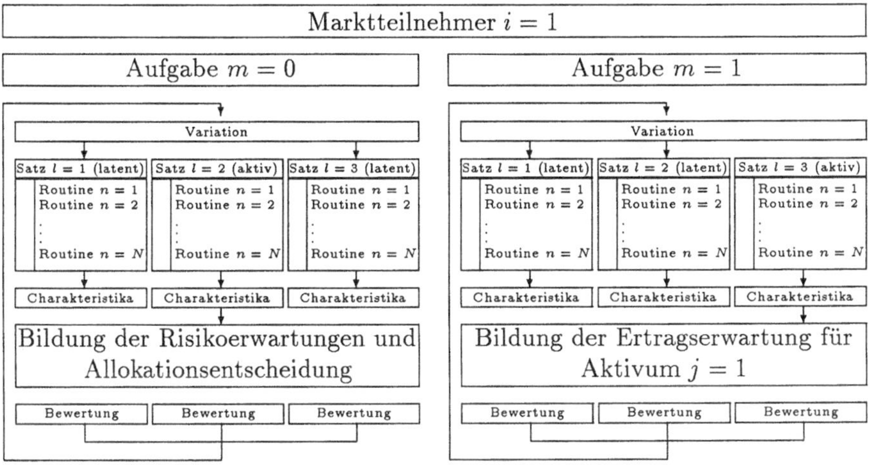

Abbildung 4.1: Systematik von Aufgaben, Sätzen, Routinen und Charakteristika

$$\mathbf{I(t)} = \{\mathbf{p(t)}, \mathfrak{R}\,(\mathbf{t})\} \tag{4.2}$$

Makroökonomische Variablen und andere Stimmungsindikatoren sind stets exogene Größen. Abhängig von der Anwendung des Modells werden die historischen Preise entweder modellendogen bestimmt, oder sie stellen exogene, empirische Werte dar.

Bildung der Ertragserwartungen

Der *historische* Ertrag des Aktivums j aus Sicht des Marktteilnehmers i ergibt sich aus einem Vergleich der Preise (Indikatoren) zu den Zeitpunkten t und $t - \bar{\Phi}(i)$. Der ganzzahlige Parameter $\bar{\Phi}(i)$ ist exogen und bezeichnet den Horizont des Marktteilnehmers.

$$r(ijt) = \frac{I(jt) - I(j, t - \bar{\Phi}(i))}{I(j, t - \bar{\Phi}(i))} \tag{4.3}$$

Zum Zeitpunkt der Erwartungsbildung sind die Preise der aktuellen Periode und die Preise am Ende des Prognosehorizonts unbekannt. Die Marktteilnehmer bilden die Erwartungen $\ddot{r}^e(iljt)$ für den Ertrag der Aktiva vom aktuellen Zeitpunkt bis zum Ende des Horizonts. Für die Erwartungsbildung setzten die

Marktteilnehmer Routinen der Aufgaben $m = 1, \ldots, J$ ein. Zur Erteilung von Kauf- und Verkaufslimits werden zusätzlich die Erwartungen $\ddot{r}^e_\circ(iljt)$ für den Ertrag vom Zeitpunkt des letzten Handels bis zum aktuellen Zeitpunkt gebildet. Die Bildung von $\ddot{r}^e_\circ(iljt)$ ist als Teil der Allokationsentscheidungen an die Routinen der Aufgabe $m = 0$ geknüpft.

Beispielhaft zeigt Abbildung 4.2 die zeitliche Struktur der Erwartungsbildung. Der Marktteilnehmer i hat einen Horizont von $\bar{\Phi}(i) = 3$ Perioden. Die Aktiva werden zu den Zeitpunkten $t_1, t_2, \ldots, t_7$ gehandelt. Zu jedem Handelszeitpunkt bildet der Marktteilnehmer Ertragserwartungen.

Der aktuelle Zeitpunkt ist $t = t_3$. Der Marktteilnehmer i bildet die Erwartungen $\ddot{r}^e_\circ(iljt)$ und $\ddot{r}^e(iljt)$. Die Erwartung $\ddot{r}^e(iljt)$ bezieht sich auf den Zeitraum vom aktuellen Zeitpunkt t_3 bis zum Ende des Horizonts $t_6 = t_3 + \bar{\Phi}(i)$. Bezugszeitraum für $\ddot{r}^e_\circ(iljt)$ ist von t_2 bis zum aktuellen Zeitpunkt $t = t_3$.

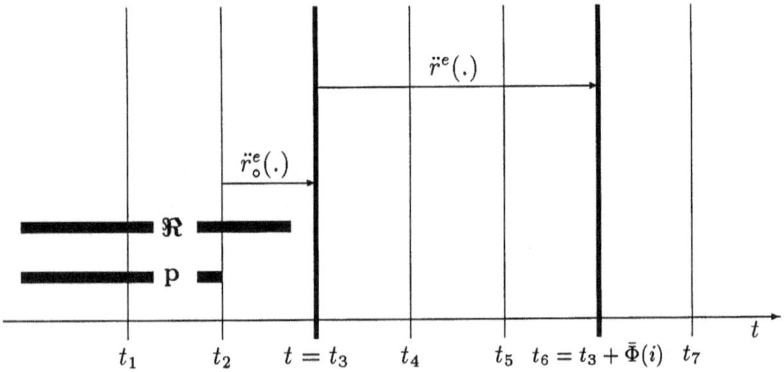

Abbildung 4.2: Zeitliche Struktur der Erwartungsbildung

Jeder Marktteilnehmer i trifft zur Bildung der Ertragserwartungen die folgenden drei Annahmen.

1. Marktteilnehmer i wählt bessere oder aktuellere Indikatoren aus und bzw. oder setzt bessere Verfahren der Informationsverarbeitung ein, als alle oder als ein überwiegender Teil der Marktteilnehmer j. Der Marktteilnehmer i hat einen zeitlichen und bzw. oder einen qualitativen Vorsprung in der Erwartungsbildung.

2. Die Preise an den Märkten werden im wesentlichen durch die Ertragserwartungen der anderen Marktteilnehmer bestimmt, d.h., die Preise werden von t_2 nach t_3 steigen, wenn die Ertragserwartungen $r^e(ijt)$ eines überwiegenden Teils der Marktteilnehmer j ein positives Vorzeichen aufweisen.

3. Marktteilnehmer i unterstellt eine monotone Entwicklung der Aktivapreise im Zeitraum vom letzten Handelszeitpunkt bis zu Ende seines Prognosehorizonts (im Beispiel der Zeitraum $[t_2, t_6]$). Im Falle einer positiven Ertragserwartung $r^e(iljt)$ erwartet i ein monotones Steigen des Preises von t_2 nach t_6.

Basis der Erwartungsbildung zum Zeitpunkt t sind die Indikatoren $\mathbf{I}(\mathbf{t}^\circ)$. Die Erwartungen können mithin Informationen über die Aktivapreise $\mathbf{p}(\mathbf{t}^\circ)$ bis einschließlich des Zeitpunktes des letzten Handels sowie Informationen über alle historischen Ausprägungen der exogenen Indikatoren $\mathfrak{R}(\mathbf{t}^\circ)$ umfassen.

Entsprechend Gleichung (4.4) ergibt sich der von Marktteilnehmer i unter Anwendung des Routinensatzes l für das Aktivum j erwartete Ertrag $\ddot{r}^e(iljt)$ als Funktion der Routinen für die Aufgabe m und der Gesamtheit der Indikatoren $\mathbf{I}$. Eine Anzahl alternativer Spezifikationen dieser Gleichung erfolgt im Kapitel 6.

$$\ddot{r}^e(iljt) = f\,[\,\mathbf{I}(\mathbf{t}^\circ), \mathbf{R}(ilmt)\,] \qquad \forall i, l, m = j = 1, ..., J \tag{4.4}$$

Die das tatsächliche Verhalten des Marktteilnehmers i bestimmenden erwarteten Erträge $r^e(ijt)$ für das Aktivum j entsprechen denen mit Hilfe der aktiven Routinensätze l^*_{imt} bestimmten Erträge. Der aktive Routinensatz wird in Gleichung (4.12) festgelegt.

$$r^e(ijt) = \ddot{r}^e(il^*_{imt}jt) \qquad \forall i, m = j = 1, ..., J \tag{4.5}$$

Die Ertragserwartungen bis zum aktuellen Zeitpunkt $\ddot{r}^e_\circ(iljt)$ werden unter Einsatz der Routinen der Aufgabe $m = 0$ und Berücksichtigung des Prognosehorizontes $\bar{\Phi}(i)$ direkt aus den Ertragserwartungen $r^e(ijt)$ abgeleitet. Die das tatsächliche Verhalten bestimmenden erwarteten Erträge $r^e_\circ(ijt)$ ergeben sich entsprechend (4.7).

$$\ddot{r}^e_\circ(iljt) = f\left[r^e(ijt), \bar{\Phi}(i), \mathbf{R}(il0t)\,\right] \qquad \forall i, l, j = 1, ..., J \tag{4.6}$$

$$r^e_\circ(ijt) = \ddot{r}^e_\circ(il^*_{i0t}jt) \qquad \forall i, j = 1, ..., J \tag{4.7}$$

Bildung der Risikoerwartungen

Die Bildung von Risikoerwartungen und die Allokationsentscheidung sind eng miteinander verknüpft. Die Verfahren zur Allokationsentscheidung bedingen bestimmte Formen der Risikoerwartungen. Aus diesem Grunde werden die Bildung von Risikoerwartungen für alle Aktiva und das Treffen der Allokationsentscheidung zu einer Aufgabe zusammengefaßt ($m = 0$).

Analog zur Bestimmung der erwarteten Erträge legen die Gleichungen (4.8) und (4.9) die Bestimmung der Risikoerwartungen fest. Die Risiken können als reelle Zahlen oder als Vektoren gemessen werden.

$$\ddot{\mathbf{v}}^e(iljt) = f\ [\ \mathbf{I}(\mathbf{t}^\circ), \mathbf{R}(il0t)\ ] \qquad \forall i, l, j = 1, ..., J \qquad (4.8)$$

$$\mathbf{v}^e(ijt) = \ddot{\mathbf{v}}^e(il^*_{i0t}jt) \qquad \forall i, j = 1, ..., J \qquad (4.9)$$

Allokationsentscheidung

Die Allokationsentscheidung legt die Aufteilung des Vermögens auf die Aktiva fest. Die Marktteilnehmer treffen die Entscheidung in Abhängigkeit von den erwarteten Erträgen $r^e(ijt)$ und $r^e_\circ(ijt)$, den erwarteten Risiken $\mathbf{v}^e(ijt)$ und den historischen Aktivabeständen $X(ijt^\circ)$. Die Verfahren zur Allokationsentscheidung und deren Parameter werden durch Routinen gesteuert.

Aus den Allokationsentscheidungen der Marktteilnehmer ergeben sich unmittelbar Kauf- und Verkaufsorders. Eine Kauforder setzt sich aus einem Kauflimit $L^k(ijt)$ und einer Nachfragemenge $X^k(ijt)$, eine Verkaufsorder aus einem Verkaufslimit $L^v(ijt)$ und einer Angebotsmenge $X^v(ijt)$ zusammen. Bei Kaufaufträgen gibt das Limit den maximalen Preis an, zu dem der Marktteilnehmer bereit ist, die Menge $X^k(ijt)$ zu kaufen. Bei Verkaufsorders stellt das Limit den Preis dar, den der Marktteilnehmer mindestens erzielen will, damit er bereits ist, die Menge $X^v(ijt)$ zu verkaufen. Kauf- und Verkaufsorders können, unabhängig vom Horizont $\bar{\Phi}(i)$, zu jedem Handelszeitpunkt erteilt werden. Der aktive Satz l^*_{imt} wird in Gleichung (4.12) bestimmt. Die Marktteilnehmer erteilen Kauf- und Verkaufsorders für die Aktiva $j = 2, \ldots, J$.

$$\left\{\ddot{X}^k(iljt), \ddot{X}^v(iljt), \ddot{L}^k(iljt), \ddot{L}^v(iljt)\right\} = \\ f\,[r^e(ijt), r^e_\circ(iljt), \mathbf{v}^e(ijt), \mathbf{R}(il0t), X(ijt^\circ)] \quad \forall i, l, j = 2, ..., J \qquad (4.10)$$

$$\left\{X^k(ijt), X^v(ijt), L^k(ijt), L^v(ijt)\right\} = \left\{\ddot{X}^k(il^*_{i0t}jt), \ddot{X}^v(il^*_{i0t}jt), \ldots \right.$$
$$\left. \ldots, \ddot{L}^k(il^*_{i0t}jt), \ddot{L}^v(il^*_{i0t}jt)\right\} \; \forall i,j = 2, ..., J \qquad (4.11)$$

Bewertung und Auswahl der Routinensätze

Die Marktteilnehmer wählen den zu aktivierenden Routinensatz in Abhängigkeit von der erwarteten Qualität der Routinensätze aus. Die Ermittlung der erwarteten Qualität stellt eine Meta-Ebene in der Erwartungsbildung dar. Die Bewertungsfunktion $q^e(.)$ liefert eine reelle Zahl. Der Routinensatz mit der höchsten Bewertung wird aktiviert und bestimmt das tatsächliche Verhalten.

$$l^*_{imt} = l \quad \text{m.d.E.} \quad q^e(ilmt) = \max_l \{q^e(\, i, l = 1, m, t), \ldots \qquad (4.12)$$
$$\ldots, q^e(\, i, l = L, m, t)\;\} \quad \forall \quad i, m = 0, \ldots, J$$

Ausgangspunkt der Bewertung ist die Qualität der Routinensätze in der Vergangenheit $q(ilmt)$. Der exogene Vektor $\mathbf{\Psi}(i)$ legt die zur Messung der Qualität anzuwendenden Verfahren und deren Parameter fest.

Die Bewertung der Routinen zur Bildung der Ertragserwartungen $r^e(iljt)$, Aufgaben $m = 1, \ldots, J$, erfolgt anhand eines Vergleiches der in der Vergangenheit gebildeten Erwartungen mit den tatsächlich beobachteten Erträgen.

$$q(ilmt) = f\left[\mathbf{r}(ij\mathbf{t}^\circ), \mathbf{r}^e(ilj\mathbf{t}^\circ), \mathbf{\Psi}(i)\right] \qquad \forall i, l, m = j = 1, \ldots, J \qquad (4.13)$$

Routinen zur Bildung der Risikoerwartungen und zur Allokationsentscheidung, Aufgabe $m = 0$, werden mit Hilfe der Entwicklung von virtuellen Beständen beurteilt. Jedem Routinensatz der Aufgabe $m = 0$ sind virtuelle Bestände $\ddot{X}(iljt)$ zugeordnet. Die virtuellen Bestände dienen ausschließlich der Qualitätsmessung und stehen in keinem Zusammenhang zu den tatsächlichen Beständen der Marktteilnehmer. Entsprechend der von den jeweiligen Routinensätzen gelieferten Kauf- und Verkaufsaufträge werden die virtuellen Bestände fortgeschrieben. In einem ersten Schritt wird eine nicht adjustierte Qualität $q_u(il0t)$ ermittelt. $q_u(il0t)$ ist eine Funktion des durchschnittlichen historischen Ertrags $\tilde{r}_{pf}(ilt)$ und des durchschnittlichen historischen Risikos $\tilde{v}_{pf}(ilt)$ der virtuellen Portfolios[1].

[1]Ein durchführbares Portfolio, welches zu einer Maximierung der Gleichung (4.14) führt, maximiert gleichzeitig, bei Normalverteilung der Portfolio-Erträge, den Nutzen der Marktteilnehmer (vgl. Abschnitt 6.4.1).

$$q_u(il0t) = \tilde{r}_{pf}(ilt) - \frac{1}{2}\Lambda(i)\tilde{v}_{pf}(ilt) \qquad \Lambda(i) > 0 \qquad \forall i, l \tag{4.14}$$

Der historische Ertrag und das historische Risiko werden auf Basis der Entwicklung der virtuellen Bestände in einer von $\mathbf{\Psi}(i)$ festgelegten Anzahl von Perioden gemessen.

$$\{\tilde{r}_{pf}(ilt), \tilde{v}_{pf}(ilt)\} = f\left[\ddot{\mathbf{X}}(ilt), \mathbf{\Psi}(i)\right] \qquad \forall i, l \tag{4.15}$$

Die Qualität $q_u(il0t)$ mißt die gesamte Leistung des Marktteilnehmers, also die Leistung bei der Bildung der Ertragserwartung und die Leistung bei der Bildung von Risikoerwartungen und Allokationsentscheidung. In einem zweiten Schritt wird mit $q(il0t)$ ein Maß für die isolierte Leistung der Routinen der Aufgabe $m = 0$ berechnet. Die Qualität $q(il0t)$ korrigiert $q_u(il0t)$ um den Qualitätsindex $q_{ind}(il0t)$. $q_{ind}(il0t)$ quantifiziert den Beitrag der Aufgaben $m = 1, \ldots, J$ an der Gesamtleistung des Marktteilnehmers.

$$q(il0t) = \frac{q(il0t)}{q_{ind}(il0t)} \qquad \forall i, l \tag{4.16}$$

$$q_{ind}(il0t) = f\left[q(il1t), \ldots, q(ilJt), \ddot{X}(ilt)\right] \tag{4.17}$$

Aus der historischen Qualität wird die erwartete Qualität $q^e(ilmt)$ bestimmt. Die Erwartungsbildung bezüglich der Qualität ist im Gegensatz zur Erwartungsbildung bezüglich der Erträge und der Risiken nicht durch Routinen gesteuert, sondern durch die exogenen Parameter $\mathbf{\Psi}(i)$ festgelegt.

$$q^e(ilmt) = f\left[q(ilmt), \mathbf{\Psi}(i)\right] \qquad \forall m = 0, \ldots, J \tag{4.18}$$

Preisbildung

Aus den erteilten Kauf- und Verkaufsorders werden die Preise der Aktiva durch den Abgleich von Angebot und Nachfrage ermittelt. Die Märkte sind jeweils als Kassamärkte organisiert und finden am Ende jeder Periode statt. Als Gleichgewichtspreise werden diejenigen Preise ermittelt, die zu den höchsten Handelsvolumina führen. Die Preise der Aktiva $j = 2, \ldots, J$ werden in Einheiten des Aktivums $j = 1$ ermittelt. Das System ist vollständig bestimmt, wenn zu $j - 1$ Aktiva die (Relativ-)Preise ermittelt werden.

$$p(jt) = f\left[\mathbf{X}^k(jt), \mathbf{X}^v(jt), \mathbf{L}^k(jt), \mathbf{L}^v(jt)\right] \qquad \forall j = 2, ..., J \tag{4.19}$$

Variation

Das Verhalten der Marktteilnehmer in der Erwartungsbildung und in der Allokationsentscheidung beruht nicht auf konstanten exogenen Regeln, sondern ist das Ergebnis eines durch Neuerungsaktivitäten bestimmten Prozesses. Die Suche der Marktteilnehmer nach Neuerungen wird durch Innovationen und Imitationen dargestellt.

Im Rahmen der Innovation generiert ein Marktteilnehmer neue Routinen. Die Eintrittswahrscheinlichkeit $pr^{in}(imt)$ einer Innovation eines Routinensatzes für die Aufgabe m wird bestimmt durch die *relative* erwartete Qualität $\dot{q}^e(.)$ des aktiven Satzes. Die Wahrscheinlichkeit einer Innovation sinkt mit steigender Qualität.

$$pr^{in}(imt) \;=\; f\;\left[\dot{q}^e(il^*_{imt}mt)\right], \mathbf{\Omega}] \qquad \forall i, m \tag{4.20}$$

$$\frac{\partial pr^{in}(imt)}{\partial \dot{q}^e(il^*_{imt}mt)} < 0$$

Die relative erwartete Qualität ist die Differenz zwischen der von i erwarteten Qualität des aktiven Satzes und den durchschnittlichen erwarteten Qualitäten aller Marktteilnehmer.

$$\dot{q}^e(il^*_{imt}mt) = q^e(il^*_{imt}mt) - \frac{1}{I}\sum_{i'=1}^{I} q^e(i'l^*_{Imt}mt) \tag{4.21}$$

Kommt es zu einer Innovation, so wird der Routinensatz l'_{imt} neu erzeugt. l'_{imt} ist der Routinensatz mit der geringsten erwarteten Qualität. Die Variation erfolgt in Abhängigkeit von den Parametern $\mathbf{\Omega}$.

$$\mathbf{R}(il'_{imt}mt) = f\;[\mathbf{\Omega}] \tag{4.22}$$

Eine Imitation liegt vor, wenn ein Marktteilnehmer i die Routinen eines Mitbewerbers $i^{\sim}$ kopiert. Es wird zwischen einer aktiven und einer passiven Imitationswahrscheinlichkeit unterschieden. Die aktive Imitationswahrscheinlichkeit $pr^{im}_a(imt)$ legt die Wahrscheinlichkeit fest, mit der der Marktteilnehmer i einen Routinensatz kopiert. Die passive Imitationswahrscheinlichkeit $pr^{im}_p(i^{\sim}mt)$ legt die Wahrscheinlichkeit fest, mit der der aktive Routinensatz von $i^{\sim}$ kopiert wird.

Beide Wahrscheinlichkeiten stehen in Abhängigkeit von der relativen erwarteten Qualität. Die aktive Wahrscheinlichkeit sinkt und die passive Wahrscheinlichkeit steigt mit steigender Qualität.

$$pr_a^{im}(imt) = f\ [\dot{q}^e(il^*_{imt}mt), \mathbf{\Omega}] \qquad \forall i, m \tag{4.23}$$

$$\frac{\partial pr_a^{im}(imt)}{\partial \dot{q}^e(il^*_{imt}mt)} < 0$$

$$pr_p^{im}(i^{\sim}mt) = f\ [\dot{q}^e(il^*_{imt}mt), \mathbf{\Omega}] \qquad \forall i^{\sim}, m \tag{4.24}$$

$$\frac{\partial pr_a^{im}(i^{\sim}mt)}{\partial \dot{q}^e(il^*_{imt}mt)} > 0$$

Erfolgt eine Imitation, so kopiert der Marktteilnehmer i den aktiven Routinensatz von Marktteilnehmer $i^{\sim}$. Wie bei der Innovation ersetzt i den Routinensatz mit der geringsten erwarteten Qualität l'_{imt}.

$$\mathbf{R}(il'_{imt}mt) = \mathbf{R}(i^{\sim}l^*_{imt}mt^{\circ}) \tag{4.25}$$

Findet weder eine Innovation noch eine Imitation statt, so wird der Routinensatz der Vorperiode unverändert übernommen.

$$\mathbf{R}(ilmt) = \mathbf{R}(ilmt^{\circ}) \tag{4.26}$$

4.3 Zusammenfassung und Überleitung

Das vorgestellte Kapitalmarktmodell betrachtet Marktteilnehmer mit routinengesteuertem Verhalten in der Erwartungsbildung und Allokationsentscheidung. Die Marktteilnehmer wählen auf Basis der erwarteten Qualität zwischen alternativen Verhaltensweisen. Zur Generierung neuen Verhaltens kommt es aufgrund der Innovations- und Imitationsaktivität der Marktteilnehmer. Die Aktivapreise ergeben sich aus den Kauf- und Verkaufsaufträgen der Individuen am Markt.

Vor der Spezifizierung des Modells mit konkreten Verhaltensweisen im Kapitel 6 erfolgt im nächsten Kapitel eine Einordnung des Modells in bestehende Theorierichtungen.

Kapitel 5

Einordnung des evolutorischen Modells

Zur Einordnung des evolutorischen Modells in bestehende Kapitalmarkttheorien soll ein Vergleich mit dem Konzept der rationalen Erwartungen und Modellierungen auf Basis von Klassifizierer-Systemen erfolgen. Darüber hinaus werden Parallelen und Unterschiede des Konzeptes der Organisation von Nelson und Winter (1982) und der Marktteilnehmer aus dem evolutorischen Modell diskutiert.

5.1 Rationale Erwartungen

Die Vorstellung des routinengesteuerten Verhaltens der Marktteilnehmer aus dem evolutorischen Kapitalmarktmodell steht in einem scharfen Widerspruch zu den jederzeit optimierenden Individuen aus dem Konzept der rationalen Erwartungen.

Analog zum Konzept der rationalen Erwartungen wird auch für die Marktteilnehmer im evolutorischen Kapitalmarktmodell die Annahme über die Existenz einer Nutzenfunktion getroffen, anhand derer Handlungsalternativen bewertet werden. Wenn ein optimierendes Verhalten allerdings darin besteht, daß ein Individuum stets diejenige Handlungsalternative aus der Menge aller möglichen Handlungsalternativen auswählt, die den höchsten erwarteten Nutzen aufweist (Witt 1987, S. 142), so scheitert ein solches Verhalten im evolutorischen Modell daran, daß die Marktteilnehmer weder im Besitz aller entscheidungsrelevanten Informationen sind, noch über die Rechenfähigkeit zur Bewertung sämtlicher Handlungsalternativen verfügen. Im evolutorischen Modell ist die Zahl der Handlungsalternativen auf die Zahl der alternativen Routinensätze begrenzt.

Die Marktteilnehmer haben keine Informationen über das beabsichtigte Order-Verhalten der anderen, und sie können nicht den Gleichgewichtspreis der aktuellen Periode beobachten.

Erwartungsbildung

Die vorgestellten Modelle mit rationalen Erwartungen betrachten Aktiva, auf die in jeder Periode eine Ausschüttung erfolgt. Es werden Erwartungen bezüglich der Fundamentalwerte der Risikoaktiva gebildet, wobei in die Erwartungsbildung der Preis der aktuellen Periode als Information einfließt. Die Individuen kennen das „richtige" Modell der Ökonomie, sie haben alle entscheidungsrelevanten Informationen und können die Parameter des Modells verzerrungsfrei schätzen. Ihre Erwartungen sind verzerrungsfreie Schätzungen der zukünftigen Ausschüttungen der Risikoaktiva.

Das evolutorische Modell beschreibt einen rein spekulativen Markt; auf die einzelnen Aktiva erfolgen weder Zins- noch Dividendenzahlungen. Die Marktteilnehmer bilden Erwartungen bezüglich der Preise bzw. bezüglich der Erträge für zwei Zeitpunkte: für die aktuelle Periode und für den Zeitpunkt am Ende ihres Prognosehorizonts. Es existieren eine Vielzahl von Informationsquellen mit einem unklaren, im Zeitablauf variierenden Informationsgehalt. Den Marktteilnehmern stehen unterschiedliche Verfahren zur Bildung von Erwartungen auf Basis der Informationsquellen zur Verfügung. Es herrscht Unsicherheit darüber, welches die „richtigen" Informationsquellen und Verfahren sind.

Allokationsentscheidung und Preisbildung

Im Konzept der rationalen Erwartungen wählen die Individuen stets Portfolios, die bei gegebenen Ertrags- und Risikoerwartungen ihren Erwartungsnutzen maximieren. Für jedes Aktivum läßt sich eine Nachfragefunktion in Abhängigkeit vom *Gleichgewichtspreis* der aktuellen Periode und von den exogenen Informationen ableiten. Zum Gleichgewichtspreis entspricht die aggregierte Nachfrage dem exogenen Gesamt-Angebot.

Im evolutorischen Modell stehen den Marktteilnehmern zur Allokationsentscheidung wiederum eine Anzahl an alternativen Verfahren zur Verfügung. Ausgehend von den Ertrags- und Risikoerwartungen werden angestrebte Portfolios ermittelt. Zur Ermittlung der von den Marktteilnehmern angestrebten Portfolios kann beispielsweise ein Verfahren zur Maximierung des Erwartungsnutzens eingesetzt werden. Ein solches Verfahren steht aber grundsätzlich in

Konkurrenz zu anderen nicht optimierenden Verfahren. Aus den Allokationsentscheidungen werden Kauf- und Verkaufsorders in Form von limitierten Aufträgen abgeleitet. Die Ermittlung der Preis-Limits erfolgt auf Basis der Erwartungen für den Gleichgewichtspreis der aktuellen Periode. Auf den Märkten werden alle abgegebenen Orders zusammengefaßt, und die Gleichgewichtspreise werden so ermittelt, daß maximale Handelsvolumina erzielt werden. Eine rationierte Ausführung der Orders ist möglich.

Verhaltensrevision

Individuen aus dem Konzept der rationalen Erwartungen begehen bei Kenntnis des „richtigen" Modells der Wirtschaft weder in der Erwartungsbildung noch in der Allokationsentscheidung systematische Fehler. Ein Anreiz zur Verhaltensrevision besteht nicht.

Im evolutorischen Modell kann es nicht den „richtigen" Ansatz zur Erwartungsbildung geben. Der Erfolg eines Marktteilnehmers steht in Abhängigkeit von dem Verhalten seiner Mitbewerber. Kann ein Marktteilnehmer die Erträge systematisch besser vorhersagen als andere, so ist dies dadurch begründet, daß er aktuellere Informationen oder bessere Verfahren zur Informationsverarbeitung einsetzt. Die anderen Marktteilnehmer werden versuchen, seine Verhaltensweisen zu imitieren, und damit die systematischen Prognosemöglichkeiten zurückführen. In Abhängigkeit von den erwarteten Qualitäten revidieren die Marktteilnehmer ihr Verhalten fortlaufend.

5.2 Klassifizierer-Systeme

Die Gesamtheit der Routinensätze eines Marktteilnehmers zur Bearbeitung einer Aufgabe aus dem evolutorischen Kapitalmarktmodell[1] kann als Klassifizierer-System im Sinne von Holland et al. (1986) interpretiert werden. Routinensätze schlagen analog zu den Klassifizierern dem Individuum heterogene, in der Regel suboptimale Verhaltensalternativen vor. Eine der vorgeschlagenen Alternativen wird aktiviert und bestimmt das tatsächliche Verhalten. Sowohl Routinensätze als auch Klassifizierer unterliegen aufgrund der Suchaktivitäten der Marktteilnehmer der Variation.

---

[1] Obwohl die Modelle auf Basis von Klassifizierer-Systemen der Definition von Witt (1987, S.11) folgend als evolutorische Ansätze einzuordnen sind, soll das in Kapitel 4 entworfene Modell weiterhin als *evolutorisches Kapitalmarktmodell* angesprochen werden.

Routinensätze und Klassifizierer

Routinensätze unterscheiden sich von Klassifizierern dadurch, daß sie keinen Bedingungsteil aufweisen, d.h., alle Routinensätze können zu jedem Zeitpunkt aktiviert werden. Mit dem Wegfall des Bedingungsteils entfällt für das evolutorische Modell die exogene Definition von Umweltzuständen (*Marktgegebenheiten*). Im evolutorischen Modell werden lediglich die Art und die Anzahl der Informationsquellen sowie die Verfahren zur Informationsverarbeitung exogen determiniert.

Der Unterschied der Modellierungen soll anhand eines Beispiels aufgezeigt werden. Die Marktteilnehmer bilden in beiden Systemen ihre Erwartungen auf Basis von gleitenden Durchschnitten. In Klassifizierer-Systemen ist die Definition einer Marktgegebenheit erforderlich, für die die Anzahl von Perioden zur Berechnung eines gleitenden Durchschnitts exogen festgelegt wird. In jeder Periode wird der gleitende Durchschnitt zentral berechnet und den Individuen als eine Information zur Verfügung gestellt. Erfüllt die Information den Bedingungsteil eines Klassifizierers, werden bestimmte Parameter zur Erwartungsbildung vorgeschlagen. Die Anzahl der Perioden zur Berechnung des Durchschnitts ist im Zeitablauf invariant. Im evolutorischen Modell wird das Verfahren zur Erwartungsbildung auf Basis von gleitenden Durchschnitten als eine mögliche Verhaltensweise spezifiziert. Die Marktteilnehmer wählen die Anzahl der Perioden zur Berechnung des gleitenden Durchschnittes endogen und führen die Berechnung dezentral durch. Im Rahmen des Suchprozesses kann die Anzahl der Perioden variiert werden.

Im Modell von Arthur et al. (1997) implizieren die von einem bestimmten Klassifizierer vorgeschlagenen Erwartungen bezüglich Preis und Dividende konstante erwartete Erträge. Im evolutorischen Modell variiert die von einem Routinensatz vorgeschlagene Ertragserwartung im Zeitablauf. Legt ein Routinensatz beispielsweise die Regressionsanalyse zur Erwartungsbildung fest, so wird in jeder Periode die Ertragserwartung auf Basis einer aktualisierten Schätzung der Regressionsgleichung ermittelt.

Bewertung und Auswahl

In der Version von Holland et al. (1986) wird jeweils nur die Bewertung des ausgewählten Klassifizierers aktualisiert. Es kann nur der Erfolg des tatsächlichen Verhaltens gemessen werden. Wie erfolgreich alternative Verhaltensweisen in der gleichen Situation gewesen wären, wird nicht festgehalten. In der Variante von Arthur et al. (1997) werden die Bewertungen aller Klassifizierer mit erfülltem Bedingungsteil aktualisiert, also auch die Bewertungen der Klassifizierer, die nicht vom Individuum angewandt wurden. Klassifizierer mit nicht erfülltem Bedingungsteil können nicht bewertet werden. Im evolutorischen Modell können alle Routinensätze in jeder Periode neu bewertet werden, da die Aktivierung von Routinensätzen nicht an bestimmte Marktsituationen geknüpft ist.

Die Bewertung der Klassifizierer und Routinensätze basiert in den Ansätzen auf der historischen Leistung. Klassifizierer werden anhand eines *einheitlichen* Maßes bewertet. Im Modell von Arthur et al. (1997) wird beispielsweise unterstellt, daß die gewichtete historische Leistung ein geeignetes Maß für die zukünftige Eignung ist. Von den Marktteilnehmern im evolutorischen Kapitalmarktmodell wird die historische Leistung unter der Anwendung *alternativer* Hypothesen in eine erwartete Qualität transformiert. Die Marktteilnehmer können heterogene Vorstellungen darüber haben, wie sich die Qualität der Verhaltensweisen in der Zeit entwickelt. Die erwartete Qualität kann sich im evolutorischen Modell systematisch von der historischen Leistung unterscheiden.

Der zu aktivierende Klassifizierer wird bei Holland et al. (1986) zufällig mit Wahrscheinlichkeiten proportional zur Bewertung bestimmt. Bei Arthur et al. (1997) und im evolutorischen Kapitalmarktmodell wird deterministisch der Klassifizierer mit der höchsten Bewertung ausgewählt.

Variation

In Klassifizierer-Systemen werden neue Klassifizierer durch einen Genetischen Algorithmus erzeugt, wobei die Mechanismen Mutation und Rekombination zum Einsatz kommen. Durch Mutation werden neue Klassifizierer durch eine zufällige Variation alter Klassifizierer erzeugt. Die Rekombination generiert neue Klassifizierer durch Kombination einzelner Bausteine von existenten Klassifizierern eines Systems. Eine Kommunikation zwischen Klassifizierer-Systemen im Sinne einer Imitation erfolgreicher Klassifizierer aus den Systemen anderer Individuen wird nicht betrachtet.

Im evolutorischen Modell kommt es zu Variationen des Routinenbestandes durch Innovationen und Imitationen. Eine Innovationen führt, vergleichbar mit dem Mechanismus Mutation, zu einer zufälligen Veränderung der historischen Routinensätze. Imitationen beinhalten die unveränderte Übernahme eines Routinensatzes von einem anderen Marktteilnehmer. Ein Mechanismus, der vergleichbar zur Rekombination Bausteine aus alten Routinensätzen zu neuen Sätzen kombiniert, existiert nicht.

5.3 Nelson und Winter (1982)

Winter (1971, 1975) und Nelson und Winter (1982) entwerfen eine Theorie der Unternehmung auf Basis einer Kombination von organisationstheoretischen Elementen und Elementen aus dem biologischen Evolutionsmodell. Die Theorie erscheint als ein tragfähiges Konzept, um Teilnehmer an Geld- und Kapitalmärkten zu beschreiben. So bedient sich das evolutorische Kapitalmarktmodell einiger von Nelson und Winter entwickelter Vorstellungen.

Das Konzept der Organisation

Aufbauend auf den Arbeiten aus dem Bereich der behavioristischen Theorie des Firmenverhaltens von Simon (1967) sowie Cyert und March (1963) wird das Verhalten von Unternehmen, allgemeiner Organisationen, mit Hilfe von Routinen dargestellt. Routinen sind als regelmäßige, vorhersagbare Verhaltensmuster dieser Organisationen definiert.

Nelson und Winter definieren die ihrem Konzept zugrundeliegende Vorstellung von Organisationen anhand folgender Merkmale.

- Die Organisationen weisen aufgrund ihrer Größe und Komplexität substantielle Koordinationsprobleme auf.
- Die Mitglieder der Organisationen nehmen unterschiedliche Positionen ein und erbringen Beiträge, die sich zu einer Gesamtleistung ergänzen. In solchen Organisationen ergeben sich die meisten Interaktionen der Mitglieder innerhalb der Organisationen und nicht mit deren Umwelt.
- Die Organisationen erbringen Leistungen, die über eine Anzahl von Perioden unverändert bleiben.
- Der Erfolg der Organisationen kann anhand von bestimmten Kriterien gemessen werden.
- Die Führungen dieser Organisationen können unmöglich alle Details beobachten und steuern.

Diese Anforderungen an Organisationen werden typischerweise von Wirtschaftsunternehmen erfüllt (Nelson und Winter 1982, S. 97).

Nelson und Winter unterscheiden drei Ebenen der Routinen. Es wird zwischen operativen Routinen, Routinen zur Bestimmung des Investitionsverhaltens und

Routinen zur Steuerung des Suchprozesses differenziert. Auf der untersten Ebene legen die operativen Routinen das kurzfristige Verhalten der Unternehmen bei gegebener Faktor-Ausstattung fest. Beispiele für diese Routinen sind Verhaltensweisen in der Leistungserstellung bei gegebenem Kapitalstock, in der Kalkulation und in der Preissetzung. Die Expansion und Kontraktion von Unternehmen wird durch die Routinen zur Bestimmung des Investitionsverhaltens geregelt. Routinen dieser Ebene bestimmen Verhaltensweisen, mit denen über die Faktor-Ausstattung disponiert wird.

Routinen zur Steuerung des Suchprozesses[2] determinieren Verhaltensweisen zur Modifikation der Routinen der ersten beiden Ebenen. Die Organisationen verändern ihre operativen Routinen und Routinen zur Bestimmung des Investitionsverhaltens, sobald die auf Basis dieser Routinen erzielten Ergebnisse den jeweiligen Anspruchsniveaus der Organisationen nicht mehr entsprechen. Die Unternehmen betreiben hier ein „satisficing"-Verhalten im Sinne von Simon (1967). Die Suche nach neuen Routinen wird aufgenommen und solange fortgesetzt, bis Routinen gefunden und implementiert sind, die das Anspruchsniveau befriedigen. Das Anspruchsniveau kann beispielsweise in Abhängigkeit vom Gewinn des Unternehmens operationalisiert sein (Witt 1987, S. 90).

In Analogie zum biologischen Evolutionsmodell (Darwin 1859) können die operativen Routinen der unteren Ebene als der Genotyp und die auf Basis dieser Routinen getroffenen Entscheidungen (Pläne, Kalkulationen, Preise) als der Phänotyp der Organisationen betrachtet werden. Der Erfolg der Organisationen steht in Abhängigkeit von der Angepaßtheit des Phänotyps an die jeweiligen Umweltbedingungen. Mit dem Erfolg, d.h. in der Regel mit dem Gewinn, variiert die Möglichkeit der Organisationen zur Expansion. Die Expansion kann als „Vermehrung" der erfolgreichen Routinen (Gene) interpretiert werden. Eine zufällige Veränderung der Routinen im Zuge der Expansion würde einer zufälligen Mutation der Gene entsprechen (Witt 1987, S. 91).

Relevanz für Finanzmärkte

In der Bundesrepublik Deutschland befanden sich am Ende des Jahres 1994 38,3% des Wertpapierbestandes im Besitz von institutionellen Anlegern wie Versicherungen, Investmentfonds, Banken, staatlichen Organisationen und großen Industrieunternehmen. Ausländische Anleger, unter ihnen größtenteils institutionelle Anleger, verfügten über 37,7% des Wertpapierbestandes. Lediglich 24% des Bestandes lag in den Händen inländischer pri-

[2] Nelson und Winter (1982, S. 18) verweisen darauf, daß auch der Suchprozeß von Routinen gesteuert wird, die ihrerseits wiederum das Ergebnis eines übergeordneten Suchprozesses darstellen.

vater Haushalte (Deutsche Bundesbank 1995, S. 62). Für das Verwalten der Vermögensbestände verfügen institutionelle Anleger teilweise über eigene Asset-Management-Einheiten; teilweise werden Beratungsdienstleistungen von unabhängigen Research-Anbietern erworben.

Die institutionellen Anleger weisen unzweifelhaft die von Nelson und Winter geforderte Komplexität auf. Die Leistung dieser Organisationen bzw. deren Asset-Management-Einheiten besteht in der Erwartungsbildung und in der Allokationsentscheidung bezüglich der betreuten Portfolios. Ein Teil dieser Organisationen, wie etwa Investmentfonds, erbringen in ihrer Funktion als institutionelle Anleger direkte Dienstleistungen für Kunden. In anderen Organisationen ergänzen sich die Teilleistungen der Asset-Management-Einheiten zur Gesamtleistung. In jedem Fall ist aber der Erfolg der Erwartungsbildung und der Allokationsentscheidung anhand einer Reihe von Kriterien quantifizierbar.

Vor diesem Hintergrund erscheint es gerechtfertigt, institutionelle Anleger unter dem Begriff der Organisation im Sinne von Nelson und Winter zu subsumieren. Darüber hinaus kann aufgrund des hohen Anteils dieser Anleger am Umsatz der Wertpapierbörsen das Verhalten dieser Anleger als repräsentativ für das Verhalten aller Marktteilnehmer gelten.

Organisationen im Sinne von Nelson und Winter und Marktteilnehmer aus dem evolutorischen Kapitalmarktmodell

Die Modellierung der Marktteilnehmer im evolutorischen Kapitalmarktmodell lehnt sich an das Konzept der Organisationen von Nelson und Winter an. In folgenden Punkten sind Übereinstimmungen bzw. Parallelen zu verzeichnen.

- Die Gesamtleistung der Marktteilnehmer im evolutorischen Modell setzt sich aus einer Reihe von Teilleistungen in der Erwartungsbildung und in der Allokationsentscheidung zusammen.
- Die Verhaltensweisen zur Bearbeitung der einzelnen Aufgaben werden nicht aus einem Optimierungskalkül abgeleitet, sondern sind routinengesteuert.
- Der Gesamterfolg der Marktteilnehmer und der Erfolg bei der Bearbeitung einzelner Teilaufgaben kann anhand von Qualitätsmaßen quantifiziert werden.
- Die Verhaltensweisen der Marktteilnehmer sind im Zeitablauf nicht konstant. Die Routinen unterliegen der Innovation und Imitation in Abhängigkeit von der erwarteten Qualität.

Abweichend vom Konzept von Nelson und Winter (1982) folgt das Kapitalmarktmodell in zwei Punkten Kwasnicki und Kwasnicka (1992). Zum einen steht den Marktteilnehmern stets eine Anzahl an alternativen Verhaltensweisen zur Verfügung, von denen eine als *aktiv* ausgewählt wird. Zum anderen erfolgt eine Unterscheidung von Routinen und Charakteristika.

Aus den alternativen Verhaltensweisen (Routinensätze) zur Bearbeitung einer Aufgabe wählen Marktteilnehmer jeweils die Sätze mit der höchsten erwarteten Qualität deterministisch als *aktiv* aus. Die aktiven Routinensätze bestimmen das tatsächliche Verhalten, die latenten Verhaltensweisen unterliegen der Innovation und der Imitation. Die Ermittlung der erwarteten Qualität stellt eine Meta-Ebene in der Erwartungsbildung dar.

Nelson und Winter verwenden die Begriffe operative Routinen und Charakteristika synonym. Im evolutorischen Modell sind hingegen Routinen abstrakte, elementare Träger des Wissens der Marktteilnehmer, während Charakteristika konkrete, kontextabhängige Beschreibungen des ökonomischen Verhaltens darstellen. Aus den Routinen lassen sich unmittelbar die Charakteristika ableiten. Dabei können alle Routinen eines Satzes zur Bearbeitung einer Aufgabe jede zugeordnete Charakteristik bestimmen. Als Folge der Differenzierung zwischen Routinen und Charakteristika sind die Ausprägungen der Charakteristika im Kapitalmarktmodell, im Gegensatz zu Nelson und Winter, nicht unabhängig voneinander. Wenn im Kapitalmarktmodell beispielsweise sowohl die Art der beobachteten Informationsquelle als auch das Lag in der Informationsbeschaffung durch Charakteristika gesteuert wird, ist es denkbar, daß diese Charakteristika eine hohe Korrelation zueinander aufweisen.

Im Gegensatz zu der obigen Analogie zwischen der biologischen Evolution und dem Konzept von Nelson und Winter bietet sich für das Kapitalmarktmodell der folgende Vergleich an. Die Routinen können wiederum als Genotypen interpretiert werden; Äquivalent der Phänotypen sind nun aber nicht die auf Basis der Routinen getroffenen Entscheidungen, sondern die Charakteristika der Marktteilnehmer.

Das vorgestellte Kapitalmarktmodell betrachtet lediglich zwei Ebenen von Routinen. Auf der unteren Ebene legen operative Routinen die Erwartungsbildung und Allokationsentscheidung der Marktteilnehmer fest. Routinen auf der oberen Ebene bestimmen die Variation der Routinen der unteren Ebene. Verhaltensweisen zur Variation der operativen Routinen basieren auf mechanistischen, exogen vorgegebenen Regeln. Diese Verhaltensweisen unterliegen im Zeitablauf keiner Variation. Auf eine Ebene von Routinen zur Variation der Faktorausstattung der Marktteilnehmer wird verzichtet.

5.4 Zusammenfassung und Überleitung

Die Modellierung des Verhaltens im evolutorischen Kapitalmarktmodell steht in einem scharfen Widerspruch zu den jederzeit optimierenden Agenten aus dem Konzept der rationalen Erwartungen. Die Marktteilnehmer sind in einer losen Analogie zum Konzept der Organisation von Nelson und Winter (1982) formuliert. Darüber hinaus bestehen Parallelen zu Klassifizierer-Systemen von Holland et al. (1986).

Marktteilnehmer aus dem evolutorischen Kapitalmarktmodell grenzen sich von Organisationen im Sinne von Nelson und Winter einerseits durch die Implementierung alternativer Verhaltensweisen und andererseits durch die Differenzierung von Routinen und Charkteristika ab. Charakteristika werden aus Routinen abgeleitet und können miteinander korreliert sein. Im Unterschied zu den Klassifierer-Systemen ist im evolutorischen Kapitalmarktmodell keine Definition von Marktgegebenheiten erforderlich. Variationswahrscheinlichkeiten werden in Abhängigkeit von ökonomischen Kriterien endogen bestimmt.

Basierend auf der vorgestellten Skizze des evoutorischen Modells werden im folgenden Kapitel konkrete Verhaltensweisen der Marktteilnehmer in der Erwartungsbildung und Allokationsentscheidung definiert.

Kapitel 6

Spezifikationen

Dieses Kapitel füllt das in Kapitel 4 in seinen Grundzügen vorgestellte Modell mit konkreten Verhaltensweisen der Marktteilnehmer zur Erwartungsbildung, Allokationsentscheidung und Neuerungsaktivität.

Die hier vorgestellten Ansätze stellen lediglich eine exemplarische Auswahl von Verhaltensweisen dar, von denen angenommen werden kann, daß sie von Teilnehmern an tatsächlichen Märkten eingesetzt werden. In den Abschnitten 6.2 und 6.3 werden Ansätze zur Bildung der Ertrags- und Risikoerwartungen dargestellt. Die Allokationsentscheidung ist Inhalt des Abschnitts 6.4. Die Verfahren zur Bewertung und Variation der Routinen werden in den Abschnitten 6.5 und 6.6 spezifiziert. Zum Abschluß werden die Bestimmung der Marktpreise und die technische Umsetzung angesprochen.

Das Kapitel beginnt mit der formalen Ableitung der Charakteristika aus den Routinen.

6.1 Charakteristika und Routinen

Routinen bilden das Wissen und die Fähigkeiten der Marktteilnehmer ab. Aus den Routinen werden Charakteristika bestimmt. Die Charakteristika legen die Verfahren und die Parameter zur Informationsbeschaffung, Erwartungsbildung und Allokationsentscheidung der Marktteilnehmer fest. Im folgenden werden Charakteristika durch griechische Kleinbuchstaben gekennzeichnet. Charakteristika werden für jeden Marktteilnehmer i, Routinensatz l und jede Aufgabe m bestimmt. Sämtliche Routinen $n = 1, \ldots, N$ eines Satzes können die Ausprägungen aller Charakteristika bestimmen. Entsprechend Gleichung (6.1) berechnet sich die Charakteristik α aus der Summe aller zugeordneten Routinen, gewichtet mit den exogenen Parametern $\Upsilon(.)$.

$$\alpha(ilmt) = \sum_{n=1}^{N} \Upsilon^{\alpha}(mn)R(ilmnt) \tag{6.1}$$

Können Charakteristika nur ganzzahlige Werte annehmen, werden die entsprechenden Symbole mit einem Querstrich überschrieben. Es wird jeweils die Summe aller gewichteten Routinen auf die nächste Ganzzahl abgerundet. Beispielhaft wird in der folgenden Gleichung die ganzzahlige Charakteristik $\bar{\beta}$ ermittelt. Der Ausdruck $\lfloor \;.\; \rfloor$ bezeichnet die Gaußklammerfunktion.

$$\bar{\beta}(ilmt) = \left\lfloor \sum_{n=1}^{N} \Upsilon^{\beta}(mn)R(ilmnt) \right\rfloor \tag{6.2}$$

Die Routinen für den Startzeitpunkt t_1 ergeben sich als gleichverteilte, ganzzahlige Zufallsvariablen aus dem exogen gegebenen Intervall $\bar{\Omega}^{\min}_{mn}$ und $\bar{\Omega}^{\max}_{mn}$. Innovationen und Imitationen führen zur Veränderung der Routinen eines Satzes. Nach jeder Variation eines Routinensatzes werden die betroffenen Charakteristika neu berechnet.

$$R(ilmnt_1) \in \left\{\bar{\Omega}^{\min}_{mn}, \bar{\Omega}^{\max}_{mn}\right\} \tag{6.3}$$

Sämtliche Charakteristika, die zugeordneten Gewichte und die zulässigen Routinenbereiche sind in den Tabellen B.1 und B.3 des Anhangs B dargestellt.

6.2 Bildung der Ertragserwartungen

Im folgenden wird eine Anzahl alternativer Ansätze zur Bildung der Ertragserwartungen vorgestellt. Es werden mit $\ddot{r}^{e}(iljt)$ Erwartungen bis zum Ende des Prognosehorizonts und mit $\ddot{r}^{e}_{\circ}(iljt)$ Erwartungen für den Marktpreis der aktuellen Periode unterschieden.

Die Erwartung $\ddot{r}^{e}(iljt)$ wird entsprechend Gleichung (4.4) aus dem Grundmodell auf Basis der historischen Werte der Indikatoren bestimmt. Tabelle 6.1 zeigt die in den folgenden Abschnitten diskutierten Ansätze im Überblick. Welche der Ansätze herangezogen werden, wird durch die Charakteristik $\bar{\eta}(ilmt)$ festgelegt. Für eine Ausprägung $\bar{\eta}(ilmt) = 2$ schlägt der Routinensatz l des Marktteilnehmers i zur Bearbeitung der Aufgabe m gleitende Durchschnitte vor.

Ansatz	$\bar{\eta}(ilmt)$
Zeitreihenanalyse 1: naive Erwartungen	1
Zeitreihenanalyse 2: gleitende Durchschnitte	2
Zeitreihenanalyse 3: adaptive Erwartungen	3
Regressionsanalyse	4

Tabelle 6.1: Alternative Ansätze zur Erwartungsbildung

Die Erwartung $\ddot{r}^{e}_{\circ}(iljt)$ wird unter Verwendung der Erwartung $r^{e}(ijt)$ und der Charakteristik $\mu_s(il0t)$ errechnet. Entsprechend den Annahmen aus dem evolutorischen Grundmodell unterstellen die Marktteilnehmer eine monotone Entwicklung der Indikatoren vom Zeitpunkt des letzten Handels bis zum Ende ihres Prognosehorizonts $t + \bar{\Phi}(i)$. $\mu_s(il0t)$ kann mithin nur nicht-negative Werte annehmen. $\mu_s(il0t)$ ist an die Aufgabe $m = 0$ gekoppelt. Da $r^{e}(ijt)$ sich auf die Anzahl der Perioden im Prognosehorizont und $\ddot{r}^{e}_{\circ}(iljt)$ sich stets auf eine Periode bezieht, erfogt eine Division durch $\bar{\Phi}(i)$.

$$\ddot{r}^{e}_{\circ}(iljt) = \frac{r^{e}(ijt)\mu_s(il0t)}{\bar{\Phi}(i)} \qquad \mu_s(il0t) \geq 0 \tag{6.4}$$

6.2.1 Zeitreihenanalyse

Zeitreihenanalyse bezeichnet im Modell ein Verhalten der Marktteilnehmer, das zur Erwartungsbildung ausschließlich die historischen Preise des zu prognostizierenden Aktivums zugrunde legt.

Zeitreihenanalyse 1: naive Erwartungen

Entsprechend der Verhaltensweise *Zeitreihenanalyse*1 ist der zuletzt realisierte Ertrag alleinige Erklärungsgröße für den erwarteten Ertrag. Bezugszeitraum für den zuletzt realisierten Ertrag ist $[t^{\circ} - \bar{\Phi}(i), t^{\circ}]$; für den erwarteten Ertrag ist es $[t, t + \bar{\Phi}(i)]$.

$$\ddot{r}^{e}(iljt) = \gamma^{c}(ilmt)r(ijt^{\circ}) \tag{6.5}$$

Abweichend von dem aus der Literatur bekannten Konzept der naiven Erwartungsbildung ist im Modell ein Abweichen der Charakteristik $\gamma^{c}(ilmt)$ von eins zulässig. Das Vorzeichen von $\gamma^c(ilmt)$ ist unbestimmt, d.h., die Ertragserwartung kann sowohl in einer positiven als auch in einer negativen Abhängigkeit zum zuletzt realisierten Ertrag stehen.

Zeitreihenanalyse 2: Erwartungen als gleitende Durchschnitte

Marktteilnehmer mit Verhalten dieses Typs bilden ihre Erwartungen als gleitende Durchschnitte der realisierten Vergangenheitswerte.

Der für den Zeitpunkt $t + \bar{\Phi}(i)$ erwartete Ertrag des Aktivums j ergibt sich als gleitender Durchschnitt über die Anzahl von $\bar{\alpha}^c(ilmt)$ Beobachtungen aus der Vergangenheit.

$$\ddot{r}^e(iljt) = \frac{\sum_{t_p \in \mathbf{TM}} r(ijt_p)}{\bar{\alpha}^c(ilmt)} \qquad \bar{\alpha}^c(ilmt) \geq 1 \tag{6.6}$$

Die Menge **TM** enthält die Zeitpunkte der Ausprägungen, die in die Berechnung des Durchschnitts einfließen. **TM** umfaßt den aktuellsten Zeitpunkt t° der Vergangenheit und die Anzahl $\bar{\alpha}^c(ilmt) - 1$ weiterer historischer Zeitpunkte. t° und die früheren Zeitpunkte weisen einen Abstand von $\bar{\Phi}(i)$ Perioden zueinander auf.

$$\mathbf{TM} = \left\{t^\circ, t^\circ - \bar{\Phi}(i), t^\circ - 2\bar{\Phi}(i), \ldots, t^\circ - (\bar{\alpha}^c(ilmt) - 1)\bar{\Phi}(i)\right\} \tag{6.7}$$

Zeitreihenanalyse 3: adaptive Erwartungen

Die Erwartungen zum Zeitpunkt t bezüglich des Ertrags des Aktivums j entsprechen den vor $\bar{\Phi}(i)$ Perioden gebildeten Erwartungen, korrigiert um den ermittelten Prognosefehler[1]. Der Einfluß des Prognosefehlers wird durch die Charakteristik $\beta^c(ilmt)$ gesteuert.

$$\ddot{r}^e(iljt) = \ddot{r}^e(i,l,j,t^\circ - \bar{\Phi}(i)) + \beta^c(ilmt)\left[r(ijt^\circ) - \ddot{r}^e(i,l,j,t^\circ - \bar{\Phi}(i))\right] \tag{6.8}$$
$$0 \geq \beta^c(ilmt) \leq 1$$

Liegt zu Beginn der Simulation kein historischer Prognosewert des Marktteilnehmers vor, so werden Erwartungen als gleitende Durchschnitte entsprechend der Verhaltensweise *Zeitreihenanalyse*2 gebildet.

[1] In die Erwartungsbildung zum Zeitpunkt t kann nicht die zuletzt gebildete Erwartung $\ddot{r}^e(iljt^\circ)$ einfließen, da zu dieser Erwartung der Prognosefehler erst nach $\bar{\Phi}(i)$ Perioden ermittelt werden kann.

6.2.2 Regressionsanalyse

Während zur Erwartungsbildung im vorherigen Unterabschnitt ausschließlich historische Werte der zu erklärenden Größe herangezogen wurden, kann die Erwartungsbildung im Rahmen der Regressionsanalyse auf Basis aller S Indikatoren erfolgen. Die Marktteilnehmer schätzen modellendogen die einzusetzenden Regressionsgleichungen. Mit der Verhaltensweise *Regressionsanalyse* steht eine multiple lineare Regression nach der Methode der kleinsten Quadrate zur Verfügung.

Die Marktteilnehmer spezifizieren einen funktionalen Zusammenhang der Gestalt

$$r(ijt) = a + b_1 r(i, s_1, t^\circ - l_1) + \ldots + b_n r(i, s_n, t^\circ - l_n) + \ldots + b_N r(i, s_N, t^\circ - l_N). \tag{6.9}$$

$$\begin{aligned} j &\in \{1, \ldots, J\} \\ s_1, \ldots, s_N &\in \{1, \ldots, S\} \end{aligned}$$

Gleichung (6.9) erklärt den Ertrag des Aktivums (Regressand) j zum Zeitpunkt t auf Basis des Ertrags der Indikatoren (Regressoren) s_n. Der Bezugszeitpunkt für die Regressoren ist mit $t^\circ - l_n$ gegeben, wobei l_n das Lag für den Indikator n bezeichnet.

Die Marktteilnehmer können für jeden Routinensatz l und für jede Aufgabe $m = 1, \ldots, J$ folgende Spezifikationen der Regressionsgleichung variieren:

- Anzahl der Regressoren N
- Indikator-Index s_n des Regressors n. s_n ordnet dem Regressor einen Index aus der Menge $\{1, \ldots, S\}$ zu.
- Lag l_n des Regressors n.

Durch die Gleichungen (6.10) bis (6.12) erfolgt eine Zuordnung von Charakteristika und Spezifikationen.

$$N = \bar{\delta}^{reg}(ilmt) \qquad 1 \geq \bar{\delta}^{reg}(ilmt) \leq S \tag{6.10}$$

$$s_n = \bar{\pi}_n^{reg}(ilmt) \qquad 1 \geq \bar{\pi}_n^{reg}(ilmt) \leq S \tag{6.11}$$

$$l_n = \bar{\Phi}(i)\,[\bar{\varpi}_n^{reg}(ilmt) + 1] \qquad \bar{\varpi}_n^{reg}(ilmt) \geq 0 \tag{6.12}$$

Da die Charakteristik $\bar{\varpi}_n^{reg}(ilmt)$ nur ganzzahlige, nicht-negative Werte annimmt, beträgt das Lag l_n stets ein ganzzahliges Vielfaches des Horizonts $\bar{\Phi}(i)$. Für $\bar{\varpi}_n^{reg}(ilmt) = 0$ folgt aus Gleichung (6.12) ein Lag in Höhe von $\bar{\Phi}(i)$. Mithin erklärt die Regressionsgleichung (6.9) den Ertrag des Aktivums j zum Zeitpunkt t mit Werten der Indikatoren, die allesamt zum Zeitpunkt $t^\circ - \bar{\Phi}(i)$ bekannt sind.

Zur Schätzung der Koeffizienten a und $b_1, \ldots, b_N$ wird die Methode der kleinsten Quadrate eingesetzt. Die Koeffizienten werden so gewählt, daß die Summe der quadratischen Abweichungen ein Minimum erreicht. Die Anzahl der in die Schätzung einfließenden Beobachtungen wird durch die Charakteristik $\bar{\alpha}^{reg}(ilmt)$ festgelegt.

$$\min_{a,b_1,\ldots,b_N} \sum_{t_p \in \mathbf{TM},} \left[r(ijt_p) - a - b_1 r(i,s_1,t_p - l_1) - \ldots - b_N r(i,s_N,t_p - l_N)\right]^2 \tag{6.13}$$

$$\mathbf{TM} = \left\{t^\circ, t^\circ - \bar{\Phi}(i), t^\circ - 2\bar{\Phi}(i), \ldots, t^\circ - (\bar{\alpha}^{reg}(ilmt) - 1)\bar{\Phi}(i)\right\} \tag{6.14}$$

Der in der Periode t für den Zeitpunkt $t + \bar{\Phi}(i)$ erwartete Ertrag $\ddot{r}^e(iljt)$ des Aktivums j ergibt sich entsprechend Gleichung (6.15). Mit Gleichung (6.16) erfolgt für l_n eine Neudefinition.

$$\ddot{r}^e(iljt) = a + b_1 r(i,s_1,t^\circ - l_1) + \ldots + b_N r(i,s_N,t^\circ - l_N) \tag{6.15}$$

mit:

$$l_n = \bar{\Phi}(i)\bar{\varpi}_n^{reg}(ilmt) \tag{6.16}$$

6.3 Bildung der Risikoerwartungen

Das historische Risiko eines Aktivums j wird von den Marktteilnehmern anhand des Vektors $\mathbf{v}(iljt)$ gemessen. $\mathbf{v}(iljt)$ enthält die Kovarianzen der Erträge des Aktivums $j \in \{1, ..., J\}$ mit den Erträgen aller anderen Indikatoren $\hat{j} \in \left\{1, ..., \hat{J}\right\}$ für die letzten $\bar{\alpha}^{ri}(il0t)$ Beobachtungen. Die Kovarianz des Ertrages von j mit sich selbst entspricht der Varianz von j.

$$\mathbf{v}(iljt) = \left\{v(ilj1t), ..., v(ilj\hat{j}t), ..., v(ilj\hat{J}t)\right\} \tag{6.17}$$

$$v(ilj\hat{j}t) = \frac{1}{\bar{\alpha}^{ri}(il0t) - 1}\left(\sum_{t_p \in \mathbf{TM}} r(ijt_p) r(i\hat{j}t_p) - \bar{\alpha}^{ri}(il0t)\bar{r}_j \bar{r}_{\hat{j}}\right) \quad (6.18)$$

$$\bar{r}_j = \frac{1}{\bar{\alpha}^{ri}(il0t)} \sum_{t_p \in \mathbf{TM}} r(ijt_p) \quad (6.19)$$

$$\bar{r}_{\hat{j}} = \frac{1}{\bar{\alpha}^{ri}(il0t)} \sum_{t_p \in \mathbf{TM}} r(i\hat{j}t_p) \quad (6.20)$$

$$\mathbf{TM} = \left\{t^\circ, t^\circ - \bar{\Phi}(i), t^\circ - 2\bar{\Phi}(i), \ldots, t^\circ - (\bar{\alpha}^{ri}(il0t) - 1)\bar{\Phi}(i)\right\} \quad (6.21)$$

In der vorliegenden Spezifikation betreiben die Marktteilnehmer eine naive Erwartungsbildung in bezug auf die Risiken der Aktiva. Sie erwarten, daß die zuletzt für den Zeitraum $\left[t - \bar{\alpha}^{ri}(il0t)\bar{\Phi}(i), t\right]$ gemessenen Risiken auch für den Prognosezeitraum relevant sind.

6.4 Die Allokationsentscheidung

Den Marktteilnehmern werden in der vorliegenden Spezifikation mit den Verhaltensweisen *Optimierung* und *Marketmaker* zwei Verhaltensweisen zur Allokationsentscheidung zur Verfügung gestellt. Welche der Verhaltensweisen unter einem Routinensatz Anwendung findet, wird durch die Charakteristik $\bar{\theta}(il0t)$ festgelegt. Tabelle 6.2 zeigt die Verhaltensweisen und die zugeordneten Ausprägungen der Charakteristik.

Ansatz	$\bar{\theta}(il0t)$
Optimierung	1
Marketmaker	2

Tabelle 6.2: Alternative Ansätze zur Allokationsentscheidung

6.4.1 Maximierung des Erwartungsnutzens

Entsprechend den Annahmen des evolutorischen Grundmodells verfügen die Marktteilnehmer über eine negativ exponentielle Nutzenfunktion $U(.)$. Der

Nutzen zum Zeitpunkt $t+\bar{\Phi}(i)$ ergibt sich in Abhängigkeit von dem realisierten Portfolio-Ertrag $r_{pf}(i, t+\bar{\Phi}(i))$ und dem exogenen Parameter $\Lambda(i)$.

$$U(i, t+\bar{\Phi}(i)) = -e^{-\Lambda(i) r_{pf}(i, t+\bar{\Phi}(i))} \tag{6.22}$$

Der Ertrag $r_{pf}(i, t+\bar{\Phi}(i))$ ist zum Zeitpunkt t ungewiß. Die Marktteilnehmer unterstellen, daß $r_{pf}(i, t+\bar{\Phi}(i))$ normalverteilt ist mit dem Erwartungswert $r^e_{pf}(it))$ und der Varianz $v^e_{pf}(it)$. Unter diesen Annahmen kann der in t für $t+\bar{\Phi}(i)$ erwartete Nutzen $U^e(it)$ entsprechend Gleichung (6.23) bestimmt werden (z. B. Bray 1985, S. 172).

$$U^e(it) = -e^{-\Lambda(i)[r^e_{pf}(it)) - \frac{1}{2}\Lambda(i) v^e_{pf}(it))]} \tag{6.23}$$

Die Marktteilnehmer unterstellen weiterhin, daß die zu treffende Allokationsentscheidung eine Gültigkeit für den Zeitraum der nächsten $\bar{\Phi}(i)$ Perioden hat, d.h., das in t optimierte Portfolio wird bis zum Ende des Prognosehorizonts nicht umgeschichtet. Der erwartete Portfolio-Ertrag $\ddot{r}^e_{pf}(ilt)$ unter Anwendung des Routinensatzes l ergibt sich entsprechend Gleichung (6.24) aus den Anteilen der Aktiva am Portfolio $\ddot{x}(iljt)$ und den erwarteten Aktiva-Erträgen. Es werden jeweils die erwarteten Erträge der *aktiven* Routinensätze der Aufgaben $m = 1, \ldots, J$ eingesetzt. $\ddot{x}(iljt)$ sind die Entscheidungsvariablen der Marktteilnehmer im Rahmen der Optimierung.

$$\ddot{r}^e_{pf}(ilt) = \sum_{j=1}^{J} \ddot{x}(iljt) r^e(ijt) \tag{6.24}$$

Gleichung (6.25) bestimmt die erwartete Varianz des Portfolio-Ertrags. $\ddot{v}^e_{pf}(ilt)$ ist die mit den Aktiva-Anteilen gewichtete Summe der erwarteten Varianzen und der erwarteten Kovarianzen der Aktiva (Markowitz 1987, S. 4).

$$\ddot{v}^e_{pf}(ilt) = \sum_{j=1}^{J} \sum_{\hat{j}=1}^{J} \ddot{x}(iljt) \ddot{x}(il\hat{j}t) \ddot{v}^e(ilj\hat{j}t) \tag{6.25}$$

Die Marktteilnehmer maximieren den erwarteten Nutzen. Gleichung (6.23) impliziert, daß das Portfolio mit dem maximalen Erwartungsnutzen den Ausdruck $r^e_{pf}(it) - 0.5\Lambda(i) v^e_{pf}(it))$ maximiert. Als Nebenbedingungen werden aufgenommen, daß die Anteile der Aktiva Werte aus dem Intervall $[0, 1]$ annehmen und sich zu eins aufsummieren. Es ergibt sich folgendes Optimierungskalkül.

$$\max_{\ddot{\mathbf{x}}(ilt)} \quad \ddot{r}^e_{pf}(ilt) - \tfrac{1}{2}\Lambda(i) \ddot{v}^e_{pf}(ilt) \tag{6.26}$$

$$\text{unter den N.B.:} \quad \sum_{j=1}^{J} \ddot{x}(iljt) = 1$$

$$\ddot{x}(iljt) \geq 0 \qquad \forall j$$

Die Aktiva-Anteile, die unter Anwendung des Routinensatzes l angeboten $\ddot{x}^v(iljt)$ bzw. nachgefragt $\ddot{x}^k(iljt)$ werden, ergeben sich aus einem Vergleich des optimierten Portfolios mit den tatsächlichen Beständen $x(ijt^\circ)$.

$$\left.\begin{array}{l} \ddot{x}^k(iljt) = \ddot{x}(iljt) - x(ijt^\circ) \\ \ddot{x}^v(iljt) = 0 \end{array}\right\} \quad \text{falls} \quad \ddot{x}(iljt) \geq x(ijt^\circ) \tag{6.27}$$

$$\left.\begin{array}{l} \ddot{x}^k(iljt) = 0 \\ \ddot{x}^v(iljt) = x(ijt^\circ) - \ddot{x}(iljt) \end{array}\right\} \quad \text{falls} \quad \ddot{x}(iljt) < x(ijt^\circ) \tag{6.28}$$

Auf Basis der ermittelten Umschichtungen erteilen die Marktteilnehmer Kauf- und Verkaufsorders. Eine Order besteht jeweils aus einem Limit und einer Menge. Bei Kaufaufträgen gibt das Limit $\ddot{L}^k(iljt)$ den maximalen Preis an, zu dem der Marktteilnehmer bereit ist, die Menge $\ddot{X}^k(iljt)$ des Aktivums j zu kaufen. Bei Verkaufsorders stellt das Limit $\ddot{L}^v(iljt)$ den Preis dar, den der Marktteilnehmer mindestens erzielen will, damit er bereit ist, die Menge $\ddot{X}^v(iljt)$ von Aktivum j zu verkaufen. Die Limits werden jeweils in Höhe des zum Zeitpunkt t erwarteten Preises erteilt. Der zum Zeitpunkt t erwartete Preis ergibt sich aus dem letzten historischen Preis $p(jt^\circ)$ und der Ertragserwartung $\ddot{r}^e_\circ(iljt)$.

$$\left.\begin{array}{l} \ddot{L}^k(iljt) = p(jt^\circ)\,[1 + \ddot{r}^e_\circ(iljt)] \\ \ddot{L}^v(iljt) = 0 \end{array}\right\} \quad \text{falls} \quad \ddot{x}^k(iljt) > 0 \tag{6.29}$$

$$\left.\begin{array}{l} \ddot{L}^k(iljt) = 0 \\ \ddot{L}^v(iljt) = p(jt^\circ)\,[1 + \ddot{r}^e_\circ(iljt)] \end{array}\right\} \quad \text{falls} \quad \ddot{x}^v(iljt) > 0 \tag{6.30}$$

Die Quotienten $\left[W(it^\circ)/\ddot{x}^k(iljt)\right]$ bzw. $[W(it^\circ)/\ddot{x}^v(iljt)]$ geben den Wert der zu kaufenden bzw. zu verkaufenden Aktiva an, wobei $W(it^\circ)$ das Vermögen des Marktteilnehmers i zum Zeitpunkt t° darstellt. Werden diese Werte durch die ermittelten Limits dividiert, ergeben sich die Angebots- und Nachfragemengen. Unterschreitet das Verkaufslimit den historischen Preis eines Aktivums, kann die Angebotsmenge den tatsächlichen Bestand übersteigen. Zur Vermeidung von negativen Beständen können die Angebotsmengen maximal die vorhandenen Bestände betragen.

$$\left.\begin{array}{l}\ddot{X}^k(iljt) = \frac{W(it^\circ)}{\ddot{x}^k(iljt)\ddot{L}^k(iljt)} \\ \ddot{X}^v(iljt) = 0\end{array}\right\} \quad \text{falls} \quad \ddot{x}^k(iljt) > 0 \tag{6.31}$$

$$\left.\begin{array}{l}\ddot{X}^k(iljt) = 0 \\ \ddot{X}^v(iljt) = \min\left[\frac{W(it^\circ)}{\ddot{x}^v(iljt)\ddot{L}^v(iljt)}, X(ijt^\circ)\right]\end{array}\right\} \quad \text{falls} \quad \ddot{x}^v(iljt) > 0 \tag{6.32}$$

$$W(it^\circ) = \sum_{j=1}^{J} X(ijt^\circ)p(jt^\circ) \tag{6.33}$$

6.4.2 Marketmaker

Neben der Maximierung des Erwartungsnutzens soll mit dem Verhalten *Marketmaker* eine weitere Möglichkeit zur Allokationsentscheidung betrachtet werden. Das Order-Verhalten der Marktteilnehmer resultiert nicht aus einem Optimierungskalkül, sondern basiert auf den folgenden vier *ad-hoc*-Annahmen:

1. Marketmaker erteilen für alle Aktiva, mit Ausnahme des Aktivums $j = 1$, zu jedem Handelszeitpunkt sowohl Kauf- als auch Verkaufsorders.

2. Die Kauf- und Verkaufslimits stehen in einer linearen Abhängigkeit vom erwarteten Preis, dem erwarteten Risiko und der Positionierung in bezug auf eine Benchmark.

3. Die angebotenen und nachgefragten Mengen sind eine Funktion der vorhandenen Bestände.

4. Das Risiko eines Aktivums wird anhand der Standardabweichung gemessen.

Die auf einfachen Daumenregeln basierende Verhaltensweise Marketmaker stellt wesentlich geringere Anforderungen an die Rechenfähigkeit der Marktteilnehmer.

Kauf- und Verkaufslimits

Der Marktteilnehmer i ist bereit, zum Preis von $\ddot{p}^e(iljt)$ abzüglich einer Risikoprämie $\ddot{g}^v(iljt)$ das Aktivum j zu kaufen und zum erwarteten Preis zuzüglich der Risikoprämie das Aktivum zu verkaufen. Die Kauf- und Verkaufslimits

($\ddot{L}^k(iljt)$ und $\ddot{L}^v(iljt)$) werden vermindert, wenn der Marktteilnehmer überinvestiert ($\ddot{g}^i(iljt) > 0$) ist, und erhöht, falls er unterinvestiert ($\ddot{g}^i(iljt) < 0$) ist. In die Berechnung der Limits gehen die Ertragserwartungen des aktiven Routinensatzes ein.

$$\ddot{L}^k(iljt) = \ddot{p}^e(iljt) - \ddot{g}^v(iljt) - \ddot{g}^i(iljt) \tag{6.34}$$

$$\ddot{L}^v(iljt) = \ddot{p}^e(iljt) + \ddot{g}^v(iljt) - \ddot{g}^i(iljt) \tag{6.35}$$

Der für den Zeitpunkt $t + \bar{\Phi}(i)$ aus Sicht des Marktteilnehmers i erwartete Preis $\ddot{p}^e(iljt)$ des Aktivums j ergibt sich aus dem zuletzt gehandelten Preis $p(jt^\circ)$ und den Ertragserwartungen $r^e(ijt)$ und $\ddot{r}^e_\circ(iljt)$.

$$\ddot{p}^e(iljt) = p\,(jt^\circ)\,[1 + \ddot{r}^e_\circ(iljt)]\,[1 + r^e(ijt)] \tag{6.36}$$

Die Marketmaker verwenden die Standardabweichung $\sqrt{v(iljjt)}$ als Risikomaß der Aktiva. Die Risikoprämie $\ddot{g}^v(iljt)$ bestimmt sich aus der erwarteten Standardabweichung und der Charakteristik $\alpha^{mm}(il0t)$.

$$\ddot{g}^v(iljt) = \alpha^{mm}(il0t)\sqrt{v^e(iljjt)} \qquad \alpha^{mm}(il0t) > 0 \tag{6.37}$$

Der relative Investitionsgrad $x^r(ijt)$ ist ein Maß für die Positionierung eines Aktivums im Verhältnis zu einer Benchmark. Die von den Marketmakern betrachtete Benchmark wird anhand der Marktkapitalisierungen der Aktiva berechnet. $x^r(ijt)$ ist positiv, falls der Anteil $x(ijt)$ des Aktivums j an dem Portfolio des Marktteilnehmers i größer ist als der Anteil dieses Aktivums an dem Benchmark-Portfolio; der Marktteilnehmer ist in bezug auf die Benchmark überinvestiert.

$$x^r(ijt) = \left[x(ijt) - x^{bench}(jt)\right] \tag{6.38}$$

Der Anteil des Aktivums in der Benchmark $x^{bench}(jt)$ ist durch die Marktkapitalisierung des Aktivums im Verhältnis zur Marktkapitalisierung aller Aktiva gegeben.

$$x^{bench}(jt) = \frac{p(jt) \sum\limits_{i=1}^{I} X(ijt)}{\sum\limits_{j=1}^{J} \left[p(jt) \sum\limits_{i=1}^{I} X(ijt)\right]} \tag{6.39}$$

$\ddot{g}^i(iljt)$ ergibt sich entsprechend Gleichung (6.40) aus dem zuletzt beobachteten relativen Investitionsgrad[2] $x^r(ijt^\circ)$ und der Charakteristik $\beta^{mm}(il0t)$.

$$\ddot{g}^i(iljt) = \beta^{mm}(il0t)x^r(ijt^\circ) \qquad \beta^{mm}(il0t) > 0 \qquad (6.40)$$

Angebots- und Nachfragemengen

Die Angebots- und Nachfragemengen werden durch die Gleichungen (6.41) und (6.42) festgelegt. Die Nachfragemenge $\ddot{X}^k(iljt)$ für das Aktivum j wird in Abhängigkeit von der Charakteristik $\gamma^{mm}(il0t)$, dem Limit $\ddot{L}^k(iljt)$ und dem Bestand des Aktivums $j = 1$ (Geldbestand) festgelegt. $\gamma^{mm}(il0t)$ gibt den Anteil am Bestand des Aktivums $j = 1$ an, der zum Erwerb eines der Aktiva $j = 2, \ldots, J$ zur Verfügung steht. Trotz der Beschränkung der Charakteristik $\gamma^{mm}(il0t)$ auf Werte unter eins können die Geldbestände negative Werte annehmen, wenn mehr als ein Kaufauftrag ausgeführt wird. Die Angebotsmenge ist ein durch die Charakteristik $\delta^{mm}(il0t)$ festgelegter Anteil an den jeweils vorhandenen Beständen.

$$\ddot{X}^k(iljt) = \frac{\gamma^{mm}(il0t)X(i,j=1,t^\circ)}{\ddot{L}^k(iljt)} \qquad 0 < \gamma^{mm}(il0t) < 1 \qquad (6.41)$$

$$\ddot{X}^v(iljt) = \delta^{mm}(il0t)X(ijt^\circ) \qquad 0 < \delta^{mm}(il0t) < 1 \qquad (6.42)$$

6.5 Bewertung der Routinen

Zur Auswahl der aktiven Routinensätze ist eine Bewertung der Routinensätze vorzunehmen. Die Bewertung besteht in der Ermittlung der erwarteten Qualität $q^e(.)$ der Routinensätze für den Zeitraum des aktuellen Prognosehorizonts. Die Ermittlung dieser erwarteten Qualität stellt eine Meta-Ebene in der Erwartungsbildung dar.

Es wird zwischen einer Spezifikation der Bewertung der Routinensätze zur Bildung von Ertragserwartungen und einer Spezifikation der Bewertung der Routinensätze zur Bildung der Risikoerwartungen und der Allokationsentscheidung differenziert. Ausgangspunkt zur Ermittlung der erwarteten Qualität ist jeweils die zuletzt gemessene historische Qualität der Routinen.

[2] Der Investitionsgrad $x^r(ijt)$ mit Bezug auf den aktuellen Zeitpunkt t kann erst nach Abschluß des Handels berechnet werden.

6.5.1 Bildung der Ertragserwartungen

In diesem Unter-Abschnitt werden die Verfahren zur Bewertung der Routinen zur Bildung der Ertragserwartungen (Aufgaben $m = 1, ..., J$) spezifiziert.

Ermittlung der historischen Qualität

Als Maße für die historische Qualität der Routinen sollen Trefferquote und Korrelation zwischen den erwarteten Erträgen und den tatsächlichen Erträgen dienen. Beide Maße werden jeweils für zwei Bezugszeiträume $\left[t^\circ, t^\circ - \bar{\Psi}_k(i)\bar{\Phi}(i)\right]$ und $\left[t^\circ, t^\circ - \bar{\Psi}_l(i)\bar{\Phi}(i)\right]$ mit $2\bar{\Psi}_k(i) = \bar{\Psi}_l(i)$ berechnet. Wie der Horizont $\bar{\Phi}(i)$ sind auch $\bar{\Psi}_k(i)$ und $\bar{\Psi}_l(i)$ ganzzahlige exogene Parameter.

Trefferquote

Zur Ermittlung der Treffer werden die Ertragserwartungen $r^e(i, l, j, t - \bar{\Phi}(i))$ mit den tatsächlichen Erträgen $r(ijt)$ verglichen. Ein Treffer $tr(iljt)$ liegt vor, wenn der erwartete Ertrag, der vor $\bar{\Phi}(i)$ Perioden gebildet wurde, und der tatsächliche Ertrag zum Zeitpunkt t das gleiche Vorzeichen aufweisen.

$$tr(iljt) = \begin{cases} 1 & \text{falls} \quad r^e(i, l, j, t - \bar{\Phi}(i)) \geq 0 \wedge r(ijt) \geq 0 \\ 1 & \text{falls} \quad r^e(i, l, j, t - \bar{\Phi}(i)) < 0 \wedge r(ijt) < 0 \\ 0 & \text{sonst} \end{cases} \tag{6.43}$$

Die Trefferquoten $tq_k(ilmt)$ (kurze Frist) bzw. $tq_l(ilmt)$ (lange Frist) ergeben sich als Anteile der Treffer an der Gesamtzahl der Beobachtungen. Die Mengen $\mathbf{TM_k}$ und $\mathbf{TM_l}$ enthalten jeweils den aktuellsten Zeitpunkt t° mit $t^\circ < t$ der Vergangenheit und die Anzahl $\bar{\Psi}_k(i) - 1$ bzw. $\bar{\Psi}_l(i) - 1$ weiterer historischer Zeitpunkte. $q_k(iljt)$ und $q_l(iljt)$ nehmen Werte aus dem Intervall $[0, 1]$ an.

$$tq_k(ilmt) = \frac{\sum_{t_n \in \mathbf{TM_k}} tr(iljt_n)}{\bar{\Psi}_k(i)} \tag{6.44}$$

$$\mathbf{TM_k} = \left\{t^\circ, t^\circ - \bar{\Phi}(i), t^\circ - 2\bar{\Phi}(i), \ldots, t^\circ - (\bar{\Psi}_k(i) - 1)\bar{\Phi}(i)\right\} \tag{6.45}$$

$$tq_l(ilmt) = \frac{\sum_{t_n \in \mathbf{TM_l}} tr(iljt_n)}{\bar{\Psi}_l(i)} \tag{6.46}$$

$$\mathbf{TM_l} = \left\{t^\circ, t^\circ - \bar{\Phi}(i), t^\circ - 2\bar{\Phi}(i), \ldots, t^\circ - (\bar{\Psi}_l(i) - 1)\bar{\Phi}(i)\right\} \tag{6.47}$$

Korrelation

Als zweites Qualitätsmaß soll der Bravais-Pearson-Korrelationskoeffizient zwischen den tatsächlichen und den erwarteten Erträgen betrachtet werden. Der Korrelationskoeffizient wird wiederum für zwei Zeiträume $[k_k(ilmt)$ und $k_l(ilmt)]$ berechnet und so normiert, daß er Werte aus dem Intervall $[0,1]$ annimmt.

$$k_k(ilmt) = \frac{1}{2}\left[\frac{\sum_{t_n \in \mathbf{TM_k}} \left[r^e(i,l,j,t_n - \bar{\Phi}(i)) - \bar{r}^e\right]\left[r(ijt_n) - \bar{r}\right]}{\sqrt{\left(\sum_{t_n \in \mathbf{TM_k}} \left[r^e(i,l,j,t_n - \bar{\Phi}(i)) - \bar{r}^e\right]^2\right)\left(\sum_{t_n \in \mathbf{TM_k}} \left[r(ijt_n) - \bar{r}\right]^2\right)}} + 1\right] \tag{6.48}$$

$$\bar{r}^e = \frac{1}{\bar{\Psi}_k(i)} \sum_{t_n \in \mathbf{TM_k}} r^e(i,l,j,t_n - \bar{\Phi}(i)) \tag{6.49}$$

$$\bar{r} = \frac{1}{\bar{\Psi}_k(i)} \sum_{t_n \in \mathbf{TM_k}} r(ijt_n) \tag{6.50}$$

$$\mathbf{TM_k} = \left\{t^\circ, t^\circ - \bar{\Phi}(i), t^\circ - 2\bar{\Phi}(i), \ldots, t^\circ - (\bar{\Psi}_k(i) - 1)\bar{\Phi}(i)\right\} \tag{6.51}$$

Der Korrelationskoeffizient für die lange Frist:

$$k_l(ilmt) = \frac{1}{2}\left[\frac{\sum_{t_n \in \mathbf{TM_l}} \left[r^e(i,l,j,t_n - \bar{\Phi}(i)) - \bar{r}^e\right]\left[r(ijt_n) - \bar{r}\right]}{\sqrt{\left(\sum_{t_n \in \mathbf{TM_l}} \left[r^e(i,l,j,t_n - \bar{\Phi}(i)) - \bar{r}^e\right]^2\right)\left(\sum_{t_n \in \mathbf{TM_l}} \left[r(ijt_n) - \bar{r}\right]^2\right)}} + 1\right] \tag{6.52}$$

$$\bar{r}^e = \frac{1}{\bar{\Psi}_l(i)} \sum_{t_n \in \mathbf{TM_l}} r^e(i,l,j,t_n - \bar{\Phi}(i)) \tag{6.53}$$

$$\bar{r} = \frac{1}{\bar{\Psi}_l(i)} \sum_{t_n \in \mathbf{TM_l}} r(ijt_n) \tag{6.54}$$

$$\mathbf{TM_l} = \left\{t^\circ, t^\circ - \bar{\Phi}(i), t^\circ - 2\bar{\Phi}(i), \ldots, t^\circ - (\bar{\Psi}_l(i) - 1)\bar{\Phi}(i)\right\} \tag{6.55}$$

Der exogene Parameter $\Psi_m(i)$ faßt die Trefferquoten und die Korrelationskoeffizienten zu den historischen Qualitäten $q_k(ilmt)$ (kurze Frist) bzw. $q_l(ilmt)$ (lange Frist) zusammen.

$$q_k(ilmt) = \Psi_m(i)tq_k(ilmt) + (1 - \Psi_m(i))k_k(ilmt) \quad (6.56)$$

$$q_l(ilmt) = \Psi_m(i)tq_l(ilmt) + (1 - \Psi_m(i))k_l(ilmt) \quad (6.57)$$

$$0 \geq \Psi_m(i) \geq 1 \quad (6.58)$$

Bildung der erwarteten Qualität

Mit den Verhaltensweisen *Revision*1 und *Revision*2 werden den Marktteilnehmern zwei Alternativen zur Bildung der Erwartungen bezüglich der Qualität der Routinensätze zur Verfügung gestellt. Welche dieser Verhaltensweisen von den Marktteilnehmern eingesetzt wird, wird exogen durch $\bar{\Psi}_v(i)$ festgelegt. Tabelle 6.3 zeigt die Zuordnung von $\bar{\Psi}_v(i)$ und der Verfahren zur Erwartungsbildung.

Ansatz	$\bar{\Psi}_v(i)$
Revision1	1
Revision2	2

Tabelle 6.3: Alternative Ansätze zur Bildung der erwarteten Qualität der Routinen

*Revision*1

Marktteilnehmer mit diesem Verhalten bestimmen die erwartete Qualität der Routinen ausschließlich in Abhängigkeit von der langfristigen historischen Qualität $q_l(ilmt^\circ)$.

$$q^e(ilmt) = q_l(ilmt^\circ) \quad (6.59)$$

Die Marktteilnehmer weisen eine naive Erwartungsbildung in dem Sinne auf, daß sie für den Zeitraum $[t, t + \bar{\Phi}(i)]$ eine Qualität erwarten, die der zuletzt gemessenen langfristigen Qualität entspricht.

Revision2

Die Gleichung (6.60) stellt die Verhaltensweise *Revision2* dar. Die erwartete Qualität entspricht der historischen Qualität zuzüglich der mit $\Psi_e(i)$ gewichteten Differenz zwischen kurzfristiger und langfristiger Qualität.

Für $\Psi_e(i) \geq 0$ verfolgt der Marktteilnehmer eine Trendfolge-Strategie. Falls die zuletzt gemessene kurzfristige Qualität höher als die langfristige Qualität ist, wird auch für die kommende Periode eine Qualität erwartet, die die langfristige Qualität übersteigt. Marktteilnehmer mit $\Psi_e(i) < 0$ weisen hingegen ein antizyklisches Verhalten auf. Diese Marktteilnehmer erwarten für die Zukunft eine niedrigere Qualität, falls die zuletzt gemessene kurzfristige Qualität die langfristige Qualität übersteigt.

$$q^e(ilmt) = q_l(ilmt^\circ) + \Psi_e(i)\,(q_k(ilmt^\circ) - q_l(ilmt^\circ)) \tag{6.60}$$

Für $\Psi_e(i) = 0$ entspricht auch dieser Ansatz einer naiven Erwartungsbildung.

6.5.2 Aufgabe $m = 0$

Die Routinen der Aufgabe $m = 0$ legen die Bildung der Risikoerwartungen und die Allokationsentscheidung einschließlich der Ableitung des Ertrages $r_\circ^e(.)$ fest.

Ermittlung der historischen Qualität

Entsprechend dem Grundmodell messen Marktteilnehmer die Qualität $q(il0t)$ der alternativen Routinensätze für die Aufgabe $m = 0$ anhand der Entwicklung von virtuellen Beständen.

Virtuelle Bestände werden ausschließlich zur Bewertung der Routinensätze geführt. Jedem Routinensatz der Aufgabe $m = 0$ ist ein virtueller Bestand zugeordnet. Die virtuellen Bestände werden auf Basis der von den jeweiligen Routinensätzen gelieferten Kauf- und Verkaufsorders fortgeführt. Für die virtuellen Bestände wird unterstellt, daß alle zu den Gleichgewichtspreisen der Kassamärkte limitierten Aufträge vollständig ausgeführt, d.h. nicht rationiert werden. Zu Beginn der Simulation weisen die virtuellen Bestände die gleichen Werte auf wie die tatsächlichen Bestände. Die virtuellen Bestände stehen darüber hinaus in keinem Zusammenhang zu den tatsächlichen Beständen, d.h., bei einer Variation oder einem Wechsel des aktiven Routinensatzes kommt es nicht zu einem Abgleich von tatsächlichen und virtuellen Bestände.

In die Ermittlung der nicht adjustierten Qualitäten $q_u(il0t)$ fließen die Anzahl von $\bar{\Psi}_l(i)$ Beobachtungen ein. Gleichungen (6.62) bis (6.65) spezifizieren die

Berechnung der durchschnittlichen historischen Erträge $\tilde{r}_{pf}(ilt)$ und Varianzen $\tilde{v}_{pf}(ilt)$ der virtuellen Portfolios. Ein Ausweis der Qualität erfolgt, falls die Simulation länger als der Zeitraum $\bar{\Phi}(i) \cdot \bar{\Psi}_l(i)$ läuft. $\ddot{X}(iljt)$ bezeichnet die virtuellen Bestände und $\ddot{W}(ilt)$ die virtuellen Vermögen.

$$q_u(il0t) = \tilde{r}_{pf}(ilt) - \frac{1}{2}\Lambda(i)\tilde{v}_{pf}(ilt) \tag{6.61}$$

mit:

$$\tilde{r}_{pf}(ilt) = \frac{\sum_{t_n \in \mathbf{TM_l}} \frac{\ddot{W}(ilt_n) - \ddot{W}(i,l,t_{n-1})}{\ddot{W}(i,l,t_{n-1})}}{\bar{\Psi}_l(i)} \tag{6.62}$$

$$\tilde{v}_{pf}(ilt) = \frac{\sum_{t_n \in \mathbf{TM_l}} \left[\frac{\ddot{W}(ilt_n) - \ddot{W}(i,l,t_{n-1})}{\ddot{W}(i,l,t_{n-1})} - \tilde{r}_{pf}(ilt)\right]^2}{\bar{\Psi}_l(i) - 1} \tag{6.63}$$

$$\mathbf{TM_l} = \left\{t^\circ, t^\circ - \bar{\Phi}(i), t^\circ - 2\bar{\Phi}(i), \ldots, t^\circ - (\bar{\Psi}_l(i) - 1)\bar{\Phi}(i)\right\} \tag{6.64}$$

$$\ddot{W}(ilt) = \sum_{j=1}^{J} \ddot{X}(iljt)p(jt) \tag{6.65}$$

Die Qualität $q_u(il0t)$ weist folgende zwei Eigenschaften auf:

1. $q_u(il0t)$ bezieht sich auf den Horizont $\bar{\Phi}(i)$ des Marktteilnehmers i.
2. $q_u(il0t)$ bewertet die gesamte Leistung des Marktteilnehmers, also die Leistung bei der Bildung der Ertragserwartungen sowie bei der Bildung der Risikoerwartungen und der Allokationsentscheidung.

Wird die Qualität der einzelnen Routinensätze *eines* Marktteilnehmers verglichen, so ist $q_u(il0t)$ als ein relatives Maß unproblematisch. Die Allokationsentscheidungen der einzelnen Sätze beruhen auf denselben Erwartungen. Unterschiede von $q_u(il0t)$ sind auf unterschiedliche Eignung der Routinensätze der Aufgabe $m = 0$ zurückzuführen. Problematisch ist hingegen ein Vergleich der Performance zwischen Marktteilnehmern. In diesem Fall liegen Ertragserwartungen in unterschiedlicher Qualität und unterschiedliche Horizonte $\bar{\Phi}(i)$ zugrunde. In diesem Fall läßt $q_u(il0t)$ keinen isolierten Rückschluß auf die Eignung der Routinen der Aufgabe $m = 0$ zu.

Aufgrund dieser Problematik soll im folgenden die adjustierte Qualität $q(il0t)$ herangezogen werden. Die Qualität $q_u(il0t)$ wird auf einen Horizont von eins standardisiert und um den Qualitätsindex $q^{ind}(ilt)$ der Routinen zur Erwartungsbildung korrigiert.

$$q(il0t) = \frac{q_u(il0t)}{\bar{\Phi}(i)q^{ind}(ilt)} \tag{6.66}$$

Der Qualitätsindex summiert die langfristigen Qualitäten der einzelnen Aufgaben in der Ertragserwartungsbildung, gewichtet mit der Höhe des zugeordneten Aktivabestands. Der Index liefert eine Zahl aus dem Intervall [0,1][3].

$$q^{ind}(ilt) = \frac{\left[\sum_{j=m=1}^{J} \ddot{X}(iljt)q(ilmt)\right]}{\left[\sum_{j=1}^{J} \ddot{X}(iljt)\right]} \tag{6.67}$$

Bildung der Erwartungen

Die Erwartungsbildung für die Qualität dieser Routinen soll entsprechend Gleichung (6.68) stets naiv erfolgen.

$$q^e(il0t) = q(il0t^\circ) \tag{6.68}$$

6.6 Variation

In diesem Abschnitt erfolgt die Spezifikation der Variation der Routinen. Die Bedingungen der Variation sind exogen und werden nicht durch übergeordnete Routinen bestimmt.

Die Marktteilnehmer variieren entsprechend der Gleichungen (6.69) immer nur die Sätze l'_{imt} mit der geringsten erwarteten Qualität. Da auch die aktiven Routinensätze in Abhängigkeit von der erwarteten Qualität ausgewählt werden, ist gewährleistet, daß immer nur latente Routinensätze verändert werden.

[3] Durch diese Vorgehensweise kann die oben beschriebene Problematik allerdings nicht vollständig behoben werden. Der Qualitätsindex quantifiziert den Beitrag der Ertragserwartungsbildung nicht richtig, wenn beispielsweise hohe Erträge besser vorhergesagt werden als niedrige und die Trefferquoten ein hohes Gewicht in der Beurteilung der Routinen haben. In diesem Fall dürfte durch den obigen Ansatz die Leistung der Routinen der Aufgabe $m = 0$ überschätzt werden.

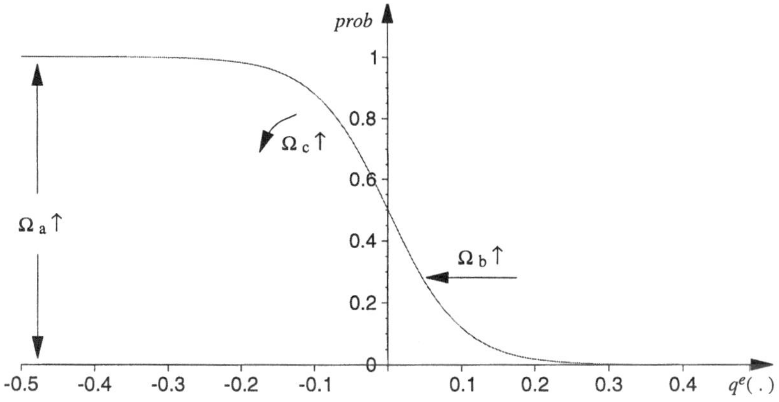

Abbildung 6.1: Wirkung einer Variation der Parameter auf die Wahrscheinlichkeitsfunktion

$$l'_{imt} = l \quad \text{m.d.E.} \quad q(ilmt) = \min_{l} \{q^e(\,i, l = 1, m, t), \ldots \\ \ldots, q^e(i, l = L, m, t)\} \tag{6.69}$$

Das Auftreten von Innovation und Imitation unterliegt Wahrscheinlichkeiten, die in Abhängigkeit von den erwarteten relativen Qualitäten $\dot{q}^e(.)$ der zu ersetzenden und der zu imitierenden Routinen stehen. Zur Bestimmung der Variationswahrscheinlichkeiten erfolgt ein Rückgriff auf die Hyperbelfunktion *Tangens hyperbolicus* (tanh). Die Wahrscheinlichkeiten ergeben sich entsprechend Gleichung (6.70) in Abhängigkeit von den Parametern Ω_a, Ω_b und Ω_c.

$$prob = \frac{\left(1 - \Omega_a \tanh\left[\frac{\Omega_b + \dot{q}^e(.)}{\Omega_c}\right]\right)}{2} \qquad \Omega_a, \Omega_c > 0 \tag{6.70}$$

Die Wirkungen einer Variation der Parameter zeigt Abbildung 6.1. Ein Anstieg von Ω_b führt zu einer Linksverschiebung der Funktion, durch einen Anstieg von Ω_a erhöht sich das Intervall der Funktionswerte, und ein Anstieg von Ω_c bewirkt ein Abflachen des Verlaufs.

6.6.1 Innovation

Innovation bezeichnet die Generierung neuen Verhaltens in Form neuer Routinen. Die Marktteilnehmer können Neuerungen in der Informationsbeschaffung,

Erwartungsbildung und Allokationsentscheidung entwickeln.

Für jede Aufgabe $m = 0, ..., J$ eines Marktteilnehmers i wird eine Innovationswahrscheinlichkeit $pr^{in}(imt)$ ermittelt. Diese Wahrscheinlichkeit ist abhängig von der erwarteten relativen Qualität des aktiven Routinensatzes l^*_{imt} der betrachteten Aufgabe. Da stets der Routinensatz mit der höchsten Qualität aktiv ist, bestimmt diese höchste Qualität die Innovationswahrscheinlichkeit.

$$pr^{in}(imt) = \frac{\left(1 - \Omega_a^{in} \tanh\left[\frac{\Omega_b^{in} + \dot{q}^e(il^*_{imt}mt)}{\Omega_c^{in}}\right]\right)}{2} \tag{6.71}$$

Der zu variierende Routinensatz l'_{imt} ergibt sich entsprechend Gleichung (6.69). Alle Routinen $n = 1, ..., N$ des betroffenen Satzes werden neu bestimmt und ergeben sich aus dem Intervall $[\bar{\Omega}_{mn}^{\min}, \bar{\Omega}_{mn}^{\max}]$ als gleichverteilte, ganzzahlige Zufallsvariablen.

$$R(il'_{imt}mnt) \in \left\{\bar{\Omega}_{mn}^{\min}, \bar{\Omega}_{mn}^{\max}\right\} \tag{6.72}$$

Nach einer Innovation wird der Routinensatz l'_{imt} für $\bar{\Phi}(i) \cdot \bar{\Psi}_l(i)$ Perioden gesperrt. In dieser Zeit kann dieser Routinensatz weder aktiviert werden, noch erneut variieren. Dieser Zeitraum dient dazu, genügend Daten für eine Bewertung der Qualität des Satzes zu sammeln.

6.6.2 Imitation

Durch Imitationen können Marktteilnehmer erfolgreiche Verhaltensweisen anderer Marktteilnehmer übernehmen. In der zu entwickelnden Spezifikation des Grundmodells soll angenommen werden, daß Marktteilnehmer die Routinen anderer Marktteilnehmer direkt beobachten können.

Die aktive Imitationswahrscheinlichkeit $pr_a^{im}(imt)$ gibt die Wahrscheinlichkeit an, mit der Marktteilnehmer i den Routinensatz l'_{imt} der Aufgabe m durch den Routinensatz eines anderen Marktteilnehmers $i^{\sim}$ ersetzt. Die Wahrscheinlichkeit steht wiederum in Abhängigkeit von der erwarteten realtiven Qualität.

$$pr_a^{im}(imt) = \frac{\left(1 - \Omega_a^{im} \tanh\left[\frac{\Omega_b^{im} + \dot{q}^e(il^*_{imt}mt)}{\Omega_c^{im}}\right]\right)}{2} \tag{6.73}$$

Die passive Imitationswahrscheinlichkeit $pr_p^{im}(i^{\sim}mt)$, mit der die Routinen der Aufgabe m des Marktteilnehmers $i^{\sim}$ imitiert werden, wird durch Gleichung (6.76) festgelegt. Diese Wahrscheinlichkeit soll mit Hilfe der Differenz $d(i^{\sim}mt)$

zwischen erwarteter relativer Qualität von $i^{\sim}$ und dem Minimum der erwarteten relativen Qualitäten aller Marktteilnehmer bestimmt werden.

$$d(i^{\sim}mt) = \dot{q}^e(i^{\sim}l^*_{i^{\sim}mt}mt) - \dot{q}^e_{min} \qquad (6.74)$$

$$\dot{q}^e_{min} = \min\{\dot{q}^e(1l^*_{1mt}mt), \ldots, \dot{q}^e(Il^*_{Imt}mt)\} \qquad (6.75)$$

Die Differenz wird in das Verhältnis gesetzt zu der Summe der Differenzen aller Marktteilnehmer. Die Werte werden mit Hilfe des Parameters Ω_d gewichtet. Für $\Omega_d > 1$ steigt die Auswahlwahrscheinlichkeit mit steigender Qualität überproportional.

$$pr^{im}_p(i^{\sim}mt) = \frac{d(i^{\sim}mt)^{\Omega_d}}{\sum_{i=1}^{I} d(imt)^{\Omega_d}} \qquad (6.76)$$

Die eigentliche Imitation zeigt Gleichung (6.77). Die Routinen des Satzes $l^*_{i^{\sim}mt}$ von Marktteilnehmer $i^{\sim}$ werden auf den Satz l'_{imt} des Marktteilnehmers i übertragen. In dieser Spezifikation wird unterstellt, daß die Übertragung fehlerfrei erfolgt.

$$R(il'_{imt}mnt) = R(i^{\sim}l^*_{i^{\sim}mt}mnt^{\circ}) \qquad \forall n = 1, ..., N \qquad (6.77)$$

Ebenso wie nach einer Innovation wird der variierte Routinensatz l'_{imt} nach einer Imitation für $\bar{\Phi}(i) \cdot \bar{\Psi}_l(i)$ Perioden gesperrt.

6.7 Die Märkte

Für die $j = 1, ..., J$ Aktiva wird die Anzahl von $J - 1$ Märkten dargestellt. Die Aktiva $j = 2, ..., J$ werden in Einheiten des Aktivums $j = 1$ gehandelt. Der Markt für das Aktivum $j = 1$ wird nicht abgebildet; der Preis für dieses Aktivum wird auf eins gesetzt.

Die Märkte sind jeweils als Kassamärkte organisiert und finden am Ende jeder Periode statt. Während der einzelnen Perioden plazieren die Marktteilnehmer Kauf- und/oder Verkaufsorders. Eine Order setzt sich aus einer Menge und einem Preislimit zusammen. Ein Kassamarkt ist dadurch gekennzeichnet, daß in jeder Periode alle vorliegenden Orders zu Angebots- und Nachfragekurven zusammengefaßt werden. Der Gleichgewichtskurs wird als Schnittpunkt der

Kurven ermittelt. Der Gleichgewichtskurs weist von allen möglichen Kursen den höchsten Umsatz auf (Harter et al. 1990, S. 77). Erfüllt mehr als ein Kurs die Bedingung des höchsten Umsatzes, dann wird als Gleichgewichtskurs der Durchschnitt des zu diesem Umsatz maximal und minimal möglichen Kurses festgesetzt. In Fällen, in denen das höchste Kauflimit das niedrigste Verkaufslimit unterschreitet, wird der Kurs als das Mittel dieser Limits bei einem Umsatz von null bestimmt. Die Abrechnung aller ausführbaren Orders erfolgt zum festgestellten Einheitskurs. Fallen Angebots- und Nachfragemenge zum ermittelten Kurs auseinander, werden alle Orders der kürzeren Marktseite zum gleichen Faktor rationiert.

6.8 Technische Umsetzung

Die Komplexität des Modells schließt eine analytische Lösung aus. Zur Generierung von Ergebnissen ist unumgänglich ein Rückgriff auf die Methode der Simulation erforderlich.

Zur Umsetzung der Simulation wurde die Makro-Befehlssprache *EMAP2* (Evolutionary Model of Asset Pricing 2) entwickelt. *EMAP2* ist ein Werkzeug, um bei gegebener Struktur des Modells die Bedingungen der Simulation zu kontrollieren und die Auswertung der erhobenen Daten flexibel zu gestalten. Die Realisierung von *EMAP2* erfolgte in der Programmiersprache C++.

Die Implementierung der Regressionsanalyse aus Abschnitt 6.2.2 und des Optimierungsproblems aus Abschnitt 6.4.1 sowie die Erzeugung von Zufallszahlen erfolgen unter Einbindung von Funktionen aus den Bibliotheken *C/Stat/Library*™ und *C/Math/Library*™ von IMSL Inc., USA.

Die Simulationen wurden auf Sparc Ultra Workstations von Sun-Microsystems und der Cray Y-MP EL98/4 der Universität Osnabrück durchgeführt.

6.9 Zusammenfassung und Überleitung

In diesem Kapitel wurden naive, adaptive Erwartungen, Erwartungen auf Basis gleitender Durchschnitte und die Regressionsanalyse als alternative Ansätze zur Bildung der Ertragserwartungen sowie die Maximierung des Erwartungsnutzens und die Verhaltensweise *Marketmaker* als alternative Ansätze zur Allokationsentscheidung vorgestellt. Zur Messung der erwarteten Qualität der Verhaltensweisen zur Erwartungsbildung setzen die Marktteilnehmer Trefferquoten oder Korrelationskoeffizienten ein. Alternativen zur Allokationsentscheidung werden anhand der Nutzenfunktion bewertet.

Die vorgestellten Ansätze umfassen das gesamte Spektrum an Verhaltensweisen welches in den folgenden Kapiteln hinsichtlich der Wirkungen auf die Preisbildung und den Vermögenszuwachs der Marktteilnehmer untersucht werden soll.

Kapitel 7

Effizienz der Zwei-Aktiva-Welt

In der zuvor vorgestellten Modellwelt erfolgen keine Zins- und Dividendenzahlungen. Ein Fundamentalwert der Risikoaktiva im Sinne diskontierter, zukünftiger Dividendenzahlungen kann nicht ermittelt werden. Folglich ist es nicht möglich, die Effizienz des Marktes daran zu überprüfen, inwieweit die ermittelten Preise dem Fundamentalwert entsprechen.

Die Effizienz des Marktes soll im folgenden anhand zweier Aspekte untersucht werden:

1. *Erwartungsbildung der Marktteilnehmer.* Es wird untersucht, ob von den Marktteilnehmern jeweils die aktuellsten Informationen zur Erwartungsbildung eingesetzt werden und ob es zu einer Konvention in der Erwartungsbildung kommt. Eine Konvention soll vorliegen, wenn sich ein Ansatz zur Erwartungsbildung herausbildet, der von (nahezu) allen Marktteilnehmern langfristig eingesetzt wird. Weiterhin wird betrachtet, ob Marktteilnehmer historische Preise in ihre Erwartungsbildung einfließen lassen.

2. *Vermögenszuwachs der Marktteilnehmer.* Es wird untersucht, ob eine Gruppe von Marktteilnehmern, im Vergleich zu den übrigen Marktteilnehmern, bei gleicher Risikopositionierung einen systematisch höheren Vermögenszuwachs erzielen kann.

Auf die Effizienz des Marktes soll geschlossen werden, wenn von den Marktteilnehmern jeweils die aktuellsten originären Informationen eingesetzt werden und wenn es keine Gruppe von Marktteilnehmern gibt, die im Vergleich zu einer anderen Gruppe einen höheren Vermögenszuwachs erzielt.

Im Abschnitt 7.1 wird eine Ausgangssituation konstruiert, die gegenüber der Spezifikation des evolutorischen Grundmodells eine Reihe von Vereinfachungen enthält. Die Ausgangssituation wird in Abschnitt 7.2 auf ihre Effizienz untersucht. Die Bedeutung der Anzahl der Routinensätze, der Meta-Erwartungen und des Suchprozesses für die Effizienz des Marktes ist Inhalt der Abschnitte 7.3 bis 7.5. Der relative Vermögenszuwachs von Marktteilnehmern mit einem Informationsvorsprung wird in Abschnitt 7.6 thematisiert. Abschnitt 7.7 betrachtet, ob und in welchem Umfang die Marktteilnehmer historische Preise zur Erwartungsbildung einsetzen. Inwieweit optimierendes Verhalten die Verhaltensweise Marketmaker dominiert, wird in Abschnitt 7.8 untersucht.

7.1 Konstruktion der Ausgangssituation

Nachfolgend werden $J = 2$ Aktiva betrachtet. Das Aktivum $j = 2$ wird auf einem Markt gegen $j = 1$ gehandelt. Das Aktivum $j = 2$ kann als Risikoaktivum und das Aktivum $j = 1$ als sicheres Aktivum betrachtet werden. Die Marktteilnehmer bilden Erwartungen für den Ertrag des Risikoaktivums. Der erwartete Ertrag für das Aktivum $j = 1$ wird für alle Marktteilnehmer auf null gesetzt. Zu den Zeitpunkten $t = 0, 1, 2, \ldots$ erfolgt auf dem Markt die Berechnung des Gleichgewichtskurses. Es wird die Anzahl von $I = 500$ Marktteilnehmern simuliert. Jeder Marktteilnehmer verfügt über $L = 5$ alternative Routinensätze. Tabelle 7.1 zeigt die Parameter der Simulation im Überblick.

Parameter	Wertebereich
Anzahl der Marktteilnehmer I	500
Anzahl der Routinensätze L	5
Anzahl der Aktiva J	2
Anzahl der Informationsquellen S	5

Tabelle 7.1: Parameter der Simulation

Die Informationsquelle $I(2,t)$ enthält die auf dem Markt modellendogen bestimmten Preise des Risikoaktivums; diese Quelle steht den Marktteilnehmern als erklärende Größe in den Regressionsgleichungen zunächst nicht zur Verfügung. Die Marktteilnehmer bilden ihre Erwartungen auf Basis der Informationsquellen $I(3,t)$, $I(4,t)$ und $I(5,t)$[1].

Gleichungen (7.1) bis (7.3) stellen die Konstruktion der Informationsquellen $I(3,t)$ bis $I(5,t)$ dar. $\theta(t)$ und $\vartheta_n(t)$ sind autoregressive Prozesse erster Ord-

[1] Die Informationsquelle $I(s = 1, t)$ bezieht sich auf das risikolose Aktivum $j = 1$ mit $I(1,t) = p(1,t) = 1 \forall t$.

nung mit Startwerten von $\theta(0) = 100$ und $\vartheta_n(0) = 0$. Die Zufallsvariablen $\epsilon_3(t)$ bis $\epsilon_5(t)$ sind standardnormalverteilt, und $\epsilon_2(t)$ ist normalverteilt mit einem Erwartungswert von 0,3 und einer Standardabweichung von eins[2].

$$I(nt) = \theta(t) + \vartheta_n(t) \qquad n = 3,4,5 \tag{7.1}$$

$$\theta(t) = \theta(t-1) + \epsilon_2(t) \tag{7.2}$$

$$\vartheta_n(t) = \vartheta_n(t-1) + \epsilon_n(t) \tag{7.3}$$

Die Simulationen starten zum Zeitpunkt $t_s = 400$ und enden zum Zeitpunkt $t_e = 1400$[3]. Für $t \leq t_s$ wird $I(2,t)$ (Preis des Risikoaktivums) entsprechend Gleichung (7.2) bestimmt. Die Vorlaufperioden eins bis 400 ermöglichen, daß die Marktteilnehmer schon zu Beginn der Simulationen Regressionsgleichungen und Risikoerwartungen schätzen können.

Alle Marktteilnehmer haben einen Horizont von $\bar{\Phi}(i) = 1$. Zur Bildung der Ertragserwartungen wird mit der Charakteristik $\bar{\eta}(ilmt) = 4$ nur die Verhaltensweise *Regressionsanalyse* zugelassen. In die Regressionsgleichung fließt mit $\bar{\delta}^{reg}(ilmt) = 1$ jeweils nur ein Regressor ein. Der Regressor kann aufgrund der Charakteristik $\bar{\pi}_1^{reg}(ilmt) \in \{3,4,5\}$ Indikatoren mit dem Index $s \in 3,4,5$ darstellen. Das Lag des Regressors wird durch $\bar{\varpi}_1^{reg}(ilmt) \in \{0,1,2\}$ festgelegt. In die Schätzung der Regressionsgleichung fließen 50 Beobachtungen ein. Die Charakteristik zur Bestimmung der Ertragserwartung $r_\circ^e$ wird auf $\mu_s(ilt) = 1$[4] festgelegt.

Die Anzahl von Beobachtungen zur Bestimmung der Risikoerwartungen wird auf $\bar{\alpha}^{ri}(ilt) = 50$ festgelegt. Mit $\bar{\theta}(ilt) = 1$ treffen alle Marktteilnehmer ihre Allokationsentscheidung entsprechend der Verhaltensweise *Optimierung*. Die Risikoaversion $\Lambda(i)$ ergibt sich als normalverteilte Zufallsvariable mit dem Erwartungswert $\mu_\Lambda = 0,5$ und der Standardabweichung $\sigma_\Lambda = 0,25$. Ein Wechsel der Routinensätze für die Aufgabe $m = 0$ wird nicht zugelassen.

Die Bewertung der Erwartungsbildungs-Routinen erfolgt mit $\Psi_m(i) = 1$ ausschließlich auf Basis von Trefferquoten. Die Anzahl der Beobachtungen zur

[2]Es soll angenommen werden, daß $\theta(t)$ den Konsens über den „wahren" Wert des Risikoaktivums repräsentiert. Dieser Wert steigt von Periode zu Periode mit einem Erwartungswert von 0,3. Die Marktteilnehmer können $\theta(t)$ mit Hilfe der Informationsquellen 3, 4 und 5 beobachten. Die Informationsquellen weisen jeweils eine Störung in Höhe von $\vartheta_n(t)$ auf.

[3]In den folgenden Abschnitten wird t_s als Periode null dargestellt.

[4]Zur Vereinfachung der Notation soll im folgenden bei Charakteristika der Aufgabe $m = 0$ der Indikator m unterdrückt werden, d.h. $\mu_s(ilt) = \mu_s(il0t)$.

Parameter	Wertebereich
Horizont $\bar{\Phi}(i)$	1
Verfahren zur Bildung der Ertragserwartungen $\bar{\eta}(ilmt)$	4
Anzahl der Regressoren $\delta^{reg}(ilmt)$	1
Indikatorindex des Regressors $\bar{\pi}_1^{reg}(ilmt)$	3,4,5
Lag des Regressors $\bar{\varpi}_1^{reg}(ilmt)$	0,1,2
Anzahl der Beobachtungen zur Schätzung der Regressionsgleichung $\bar{\alpha}^{reg}(ilmt)$	50
Bestimmung der Ertragserwartung $r_\circ^e$ $\mu_s(ilt)$	1
Anzahl der Beobachtungen zur Bestimmung der Risikoerwartungen $\bar{\alpha}^{ri}(ilt)$	50
Verfahren zur Allokationsentscheidung $\theta(ilt)$	1
Risikoaversion $\Lambda(i)$	$\mu_\Lambda = 0,5$, $\sigma_\Lambda = 0,25$
Berechnung der historischen Qualität	
Verfahren $\bar{\Psi}_m(i)$	1
Anzahl der Perioden $\bar{\Psi}_l(i)$	$\mu_\Psi = 100$, $\sigma_\Psi = 20$
Berechnung der erwarteten Qualität $\Psi_v(i)$	1
Anfangsausstattung	
risikoloses Aktivum $X(i, j = 1, t = 0)$	1000
Risikoaktivum $X(i, j = 2, t = 0)$	1

Tabelle 7.2: Parameter und Charakteristika der Marktteilnehmer

Bestimmung der langfristigen Qualität $\bar{\Psi}_l(i)$ ergibt sich aus einer normalverteilten Zufallsvariablen mit dem Erwartungswert von 100 und der Standardabweichung von 20, wobei jeweils zur nächsten Ganzzahl abgerundet wird. Alle Marktteilnehmer setzten mit $\bar{\Psi}_v(i) = 1$ die Verhaltensweise *Revision*1 zur Ermittlung der erwarteten Qualität ein, d.h., sie betreiben eine naive Erwartungsbildung bezüglich der Qualität. Die von den Marktteilnehmern erwartete Qualität entspricht stets der zuletzt gemessenen historischen Qualität. Innovationen und Imitationen werden in der Ausgangssituation nicht betrachtet.

Als Anfangsausstattung erhält jeder Marktteilnehmer eine Einheit des Risikoaktivums und 1000 Einheiten des sicheren Aktivums.

Zusammengefaßt zeigt Tabelle 7.2 die zulässigen Wertebereiche der Parameter und Charakteristika auf der Ebene der Marktteilnehmer. Tabelle B.1 des Anhangs spezifiziert die Berechnung der Charakteristika aus den Routinen.

7.2 Effizienz der Ausgangssituation

Die Ausgangssituation soll im nachfolgenden im Hinblick auf die Effizienz des Marktes untersucht werden.

Nutzung der Informationsquellen

Abbildung 7.1 stellt die Nutzung der Indikatoren 3,4,5 mit den Lags 0,1,2 für einen *speziellen* Simulationslauf der Ausgangssituation zu ausgewählten Zeitpunkten dar. Die Größe der Kreise symbolisiert den Anteil der Marktteilnehmer, die die korrespondierende Indikator-Lag-Kombination in ihrem aktiven Routinensatz zum jeweiligen Zeitpunkt verwenden, an der Gesamtzahl der Marktteilnehmer.

Die Dynamik in der Nutzung der Informationsquellen im gewählten Zeitausschnitt kann anhand der folgenden vier Phasen beschrieben werden.

- Zu Beginn der Simulation liegt eine Gleichverteilung in der Nutzung der Indikator-Lag-Kombinationen vor.
- Etwa ab Periode 80 bildet sich eine verstärkte Nutzung des Indikators 3 heraus, wobei dieser Indikator zunächst mit Schwerpunkt auf Lag 1 und dann mit Schwerpunkt auf Lag 0 eingesetzt wird. In der Periode 114 erreicht die Nutzung des Indikators 3 mit Lag 0 ein lokales Maximum bei einem Anteil von 53,4 Prozent.
- Nach der Periode 114 vermindert sich die Nutzung dieser Indikator-Lag-Kombination zugunsten des Indikators 4. Der Indikator 4 und Lag 0 erreichen in Periode 176 mit einem Anteil von 70,4 Prozent ein lokales Maximum.
- Die Nutzung des Indikators 4 geht anschließend zugunsten der Indikatoren 5 und 3 zurück.

Die untere Grafik in Abbildung 7.2 zeigt für denselben Simulationslauf die Nutzung der Indikatoren 3, 4 und 5, jeweils mit einem Lag von null, über den gesamten Simulationszeitraum von 1000 Perioden. Für jeden Zeitpunkt symbolisiert die Höhe der Markierungen den Anteil der Nutzer des zugeordneten Indikators. Indikatoren mit Lag 0 werden im Durchschnitt am stärksten genutzt. Ein stabiles Gleichgewicht im Sinne einer langfristigen Dominanz einer Indikator-Lag-Kombination stellt sich nicht heraus. Zeiträume einer starken

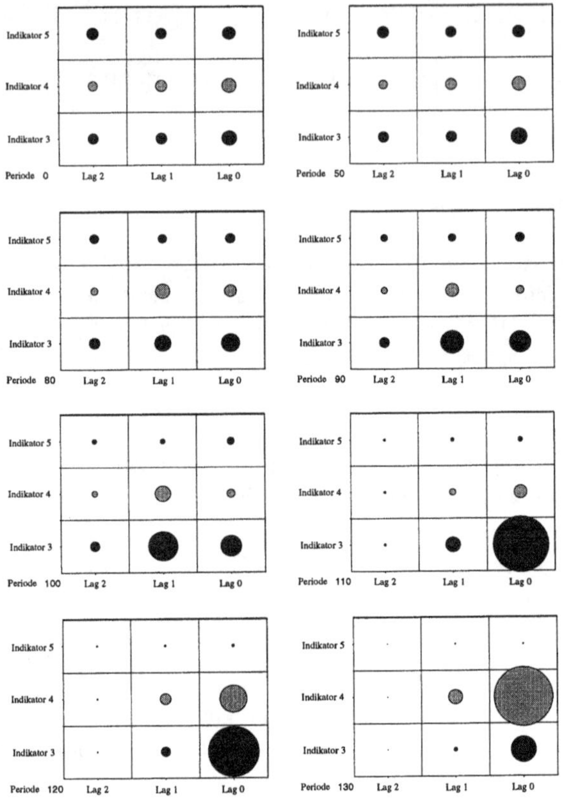

Abbildung 7.1: Nutzung von Informationsquellen in einem Simulationslauf der Ausgangssituation

Nutzung einer bestimmten Kombination und Zeiträume einer schwachen Nutzung lösen sich ab. Die Länge der Zeiträume ist nicht konstant. Im oberen Teil der Grafik ist die Entwicklung der Indikatoren und des Preises dargestellt.

Die Abbildungen stellen einen speziellen Simulationslauf dar. Die beschriebene Dynamik stellt sich aber vom Prinzip her in allen unter der Parameterkonstellation der Ausgangssituation durchgeführten Simulationsläufen ein. In sämtlichen Simulationsläufen kann beobachtet werden:

- Informationsquellen mit einem Lag von null haben im Durchschnitt das höchste Gewicht. Tabelle 7.3 zeigt die durchschnittliche Nutzung der Indikator-Lag-Kombinationen über 100 Simulationsläufe.

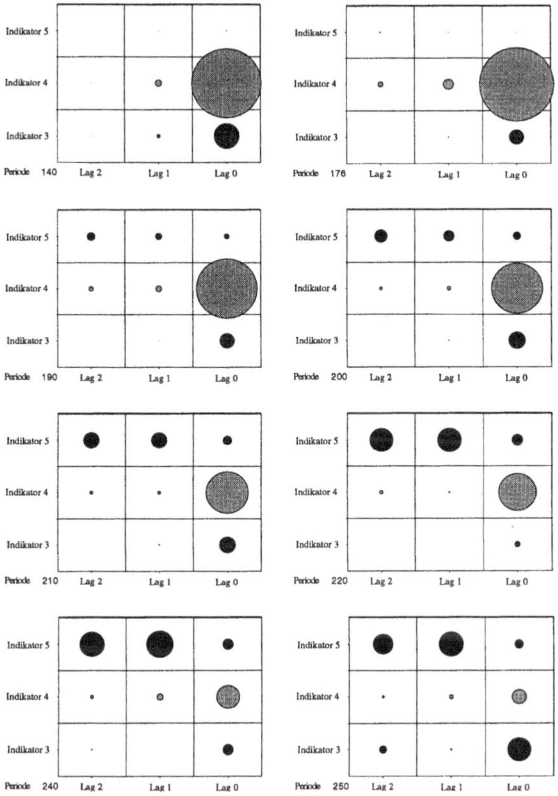

Abbildung 7.1: Nutzung von Informationsquellen in einem Simulationslauf der Ausgangssituation (Fortsetzung)

- Einige Zeit nachdem ein Indikator die Population dominiert, verliert er wieder an Attraktivität und wird durch andere Indikator-Lag-Kombinationen abgelöst. Eine Konvention in der Erwartungsbildung im Sinne einer *langfristigen* Dominanz einer Indikator-Lag-Kombination bildet sich nicht heraus. Die Zeiträume, in denen einzelne Indikatoren die Population dominieren, sind nicht konstant.

Die alternativen Ansätze zur Erwartungsbildung werden von den Marktteilnehmern anhand der Trefferquoten in einem Zeitfenster von $\bar{\Psi}_l(i)$ Perioden beurteilt. Marktteilnehmer halten aus zwei Gründen einen Routinensatz für besser geeignet als einen anderen.

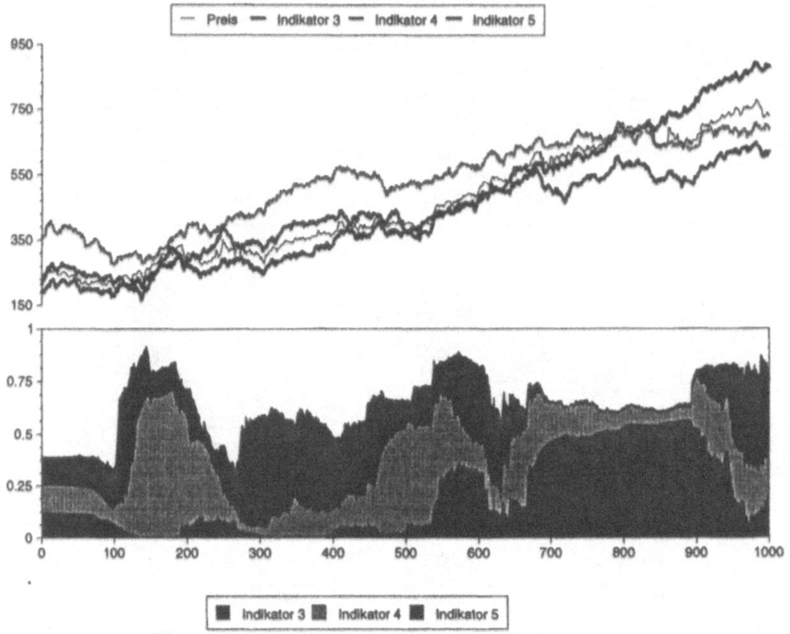

Abbildung 7.2: Entwicklung des Preises und der Indikatoren sowie die Nutzung der Informationsquellen mit einem Lag von null in der Ausgangssituation

1. *Systematik.* Auf dem Markt herrscht eine Konstellation, in der die Preise auf dem Markt vor allem durch solche Teilnehmer bestimmt werden, deren aktive Erwartungsbildungsansätze nicht die aktuellsten Informationen einsetzen. Verwendet in dieser Situation ein Routinensatz Indikatoren mit einem niedrigeren Lag als die Mehrheit der aktiven Routinensätze, können die Erträge des Risikoaktivums systematisch prognostiziert werden.

2. *Zufall.* Auf dem Markt werden die Preise vor allem durch solche Teilnehmer bestimmt, deren aktive Erwartungsbildungsansätze Informationen mit Lag 0 einsetzen. Weist eine Indikator-Lag-Kombination in dem durch $\bar{\Psi}_l(i)$ festgelegten Zeitfenster zufällig eine höhere Trefferquote auf als eine andere Indikator-Lag-Kombination, so erwarten die Marktteilnehmer für die erste Kombination eine höhere Qualität. Die Sätze werden auch dann gewechselt, wenn die Unterschiede in den Qualitäten nur gering sind.

	Lag 2	Lag 1	Lag 0	Summe
Indikator 5	2,5%	8,2%	22,2%	32,9%
Indikator 4	2,7%	9,9%	24,8%	37,4%
Indikator 3	1,8%	8,8%	19,1%	29,7%
Summe	7,0%	26,9%	66,1%	100,0%

Tabelle 7.3: Durchschnittliche Nutzung der Informationsquellen

Zu Beginn der Simulation liegt eine Gleichverteilung der Indikator-Lag-Kombinationen vor. Der größte Teil der Marktteilnehmer setzt Routinensätze ein, die sich nicht der aktuellsten Informationen bedienen. In dieser Situation ist es möglich, mit Routinensätzen auf Basis von Lag-0-Informationen den Markt *systematisch* zu prognostizieren. Der Anteil von aktiven Routinensätzen mit Lag-0-Kombinationen steigt schnell an. Ist der Anteil von Nutzern eines Indikators mit Lag 0 hoch, so schlagen sich die neuesten Informationen unmittelbar in den Marktpreisen der aktuellen Periode nieder. Die Nutzung von Indikatoren mit Lag 0 erlaubt es nicht mehr, die Preise *systematisch* vorherzusagen, die Anreize zur Nutzung des Lags 0 entfallen. Die Marktteilnehmer wechseln ihre aktiven Routinensätze *zufällig*. Sinkt der Anteil von Nutzern der Indikatoren mit Lag 0 ab, so ist es möglich, daß Routinensätze die Lag-0-Kombinationen vorschlagen, erhöhte Trefferquoten aufweisen. Marktteilnehmer, die über solche Routinensätze verfügen, erkennen die erhöhte Qualität in Abhängigkeit vom Parameter $\bar{\Psi}_l(i)$ und aktivieren diese Sätze. Der Anteil der Nutzer von Indikatoren mit Lag 0 steigt wieder.

Entwicklung der Vermögen

In diesem Unter-Abschnitt soll untersucht werden, ob es eine Gruppe von Marktteilnehmern gibt, die systematisch einen höheren (niedrigeren) Vermögenszuwachs erzielt als andere Gruppen von Marktteilnehmern.

Die Routinensätze unterscheiden sich in bezug auf den erklärenden Indikator $\bar{\pi}_1^{reg}(ilmt)$ und das Lag $\bar{\varpi}_1^{reg}(ilmt)$. Diese Charakteristika können von den Marktteilnehmern durch den Wechsel der aktiven Routinensätze endogen variiert werden. Es werden die Routinensätze gewählt, die die höchste historische Qualität aufweisen. Bei der Anzahl von $L = 5$ Routinensätzen ist zu erwarten, daß 87 Prozent der Marktteilnehmer über eine Lag-0-Kombination verfügen.

Darüber hinaus unterscheiden sich Marktteilnehmer hinsichtlich der Anzahl der Perioden zur Beurteilung der historischen Qualität $\bar{\Psi}_l(i)$ und der Risikoaversion $\Lambda(i)$. Beide Parameter werden jeweils exogen festgelegt. Für die

Marktteilnehmer besteht keine Möglichkeit, diese Parameter im Laufe der Simulation zu variieren. Alle anderen exogenen Parameter sind für alle Marktteilnehmer gleich. Untersucht werden soll, ob bestimmte Werte dieser exogenen Werte zu einem höheren oder niedrigeren relativen Vermögenszuwachs führen.

Im folgenden sollen die Marktteilnehmer anhand des Medians und der Quartile des Parameters $\bar{\Psi}_l(i)$ oder $\Lambda(i)$ in vier Gruppen $(G_1, \ldots, G_m, \ldots, G_4)$ unterteilt werden, wobei G_1 jeweils die Marktteilnehmer mit den niedrigsten Merkmalsausprägungen umfaßt. Für jede Gruppe wird die Entwicklung der Vermögen $W(i,t)$ anhand des Indikators $v_m(t)$ dargestellt. $v_m(t)$ ergibt sich als Quotient aus relativem Gruppen-Vermögen zum Zeitpunkt t und dem relativen Gruppen-Vermögen in Periode 0. Zu Beginn der Simulation beträgt dieser Quotient für alle Gruppen eins. Weist eine Gruppe von Marktteilnehmern im Vergleich zu anderen Gruppen einen erhöhten Vermögenszuwachs auf, steigt $v_m(t)$ über eins.

$$v_m(t) = \frac{\sum_{i \in G_m} W(i,t)}{\sum_i W(i,t)} / \frac{\sum_{i \in G_m} W(i,0)}{\sum_i W(i,0)} \tag{7.4}$$

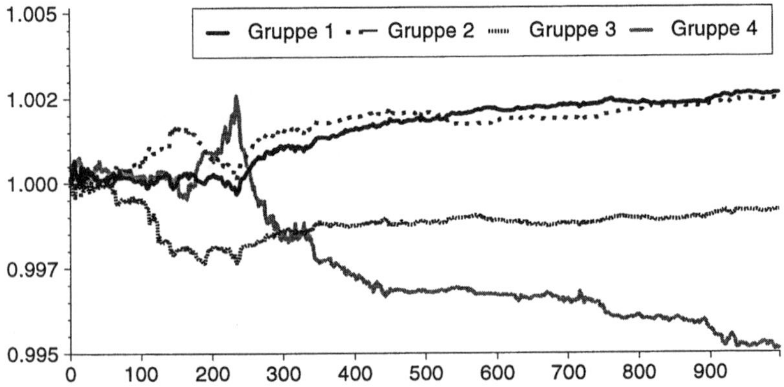

Abbildung 7.3: Entwicklung der Vermögen bei Gruppierung nach $\Lambda(i)$ dargestellt anhand der Indikatoren $v_m(t)$

Tabelle 7.4 zeigt die Quotienten in der Periode 1000. Die aufgeführten Werte sind Durchschnitte über 100 Simulationsläufe. Die Signifikanz der Ergebnisse wird anhand des Studentschen t-Tests[5] und des nicht-parametrischen

[5] Der t-Test setzt unabhängige, *normalverteilte* Stichproben voraus.

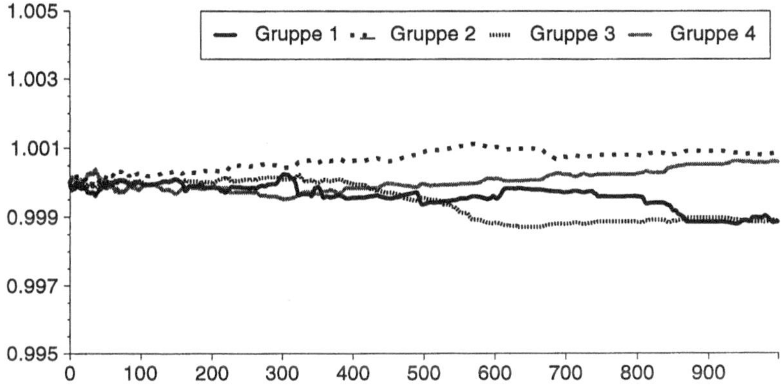

Abbildung 7.4: Entwicklung der Vermögen bei Gruppierung nach $\bar{\Psi}_l(i)$ dargestellt anhand der Indikatoren $v_m(t)$

Kruskal-Wallis-Tests[6] überprüft. Die t-Werte beziehen sich auf die Prüfgröße $t = \frac{\bar{v}_m - 1}{s}\sqrt{n}$, wobei $\bar{v}_m$ das arithmetische Mittel und s die Standardabweichung der Quotienten $v_m(t = 1000)$ über die durchgeführten 100 Simulationsläufe darstellen. Im t-Test ist die Null-Hypothese entweder, daß die Verteilung von $v_m(t = 1000)$ einen Erwartungswert von größer oder gleich eins ausweist oder daß der Erwartungswert kleiner oder gleich eins ist. Die Null-Hypothese, daß der Erwartungswert kleiner oder gleich eins ist, wird bei einem Signifikanzniveau von 5% und 100 Simulationsläufen abgelehnt, falls $t \in \{1,660, \infty\}$; die Null-Hypothese, daß der Erwartungswert größer oder gleich eins ist, falls $t \in \{-\infty, -1,660\}$. Null-Hypothese im Kruskal-Wallis-Test ist, daß die Verteilungen $v_1(t = 1000), \ldots, v_4(t = 1000)$ einen identischen Erwartungswert aufweisen.

Bei einer Gliederung nach $\Lambda(i)$ weist die Gruppe 1, d.h. die Gruppe mit der höchsten Risikobereitschaft (niedrigstem $\Lambda(i)$), einen, gemessen an der t-Statistik, signifikant erhöhten und Gruppe 4 einen signifikant verminderten Vermögenszuwachs auf. Entsprechend des Kruskal-Wallis-Tests wird die Gleichheit der Erwartungswerte abgelehnt. Abbildung 7.3 zeigt für einen Simulationslauf *exemplarisch* die Entwicklung der Gruppenvermögen. Der relative Vermögenszuwachs der Gruppen 1 und 2 vollzieht sich stetig und ist nicht auf ein siguläres Ereignis zurückzuführen.

[6]Der Kruskal-Wallis-Test verzichtet auf die Annahme der Normalverteilung der Stichproben (Büning und Trenkler 1978, S. 201).

	Gruppe1	Gruppe2	Gruppe3	Gruppe4
Gruppierung nach $\Lambda(i)$				
Mittelwert	1.001293	1.000237	0.999449	0.99903
t-Wert	5.222	0.7155	-1.156	-2.262
Kruskal-Wallis-Test	48,312[a] $(< 0,0001)$[b]			
Gruppierung nach $\bar{\Psi}_l(i)$				
Mittelwert	0.999334	1.000063	1.000413	1.000070
t-Wert	-2.550	0.133	1.192	0.293
Kruskal-Wallis-Test	18,790$(0,0003)$			

Tabelle 7.4: Durchschnittliche Vermögen $\bar{v}_m$ aus 100 Simulationsläufen

[a] χ^2-Statistik mit drei Freiheitsgraden zum Test der Null-Hypothese auf gleiche Mittelwerte der relativen Vermögen der Gruppen eins bis vier.
[b] Wahrscheinlichkeit, unter der Null-Hypothese einen größeren χ^2-Wert zu erhalten

Wird ein positiver Ertrag erwartet, werden Marktteilnehmer mit einer hohen Risikobereitschaft bestrebt sein, einen höheren Anteil des Risikoaktivums zu halten als risikoscheue Marktteilnehmer. Bei einem negativen erwarteten Ertrag und der Existenz eines risikolosen Aktivums sind die Marktteilnehmer, unabhängig von ihrer Risikobereitschaft, bestrebt, das Risikoaktivum nicht zu halten. Risikobereitere Marktteilnehmer werden einen erhöhten Vermögenszuwachs aufweisen, wenn die Vorzeichen der Erträge systematisch prognostiziert werden können und/oder die Marktpreise einen positiven Trend aufweisen. Beruht der erhöhte Vermögenszuwachs auf systematischen Prognosemöglichkeiten, steht dieses im Widerspruch zu einem im neoklassischen Sinne effizienten Markt. Eine detailliertere Betrachtung dieser Fragestellung erfolgt im Abschnitt 7.3.

Erfolgt eine Gliederung der Population nach der Anzahl der Perioden zur Beurteilung der historischen Qualität $\bar{\Psi}_l(i)$, so weist die Gruppen 3 den höchsten Vermögenszuwachs und die Gruppe 1 den geringsten Vermögenszuwachs auf. Lediglich der verminderte Vermögenszuwachs der Gruppe 1 ist entsprechend des t-Tests signifikant. Die Hypothese der Gleichheit der Erwartungswerte wird abgelehnt. Abbildung 7.4 zeigt beispielhaft für einen Simulationslauf, daß die Quotienten $v_m(t)$ für die einzelnen Gruppen keine eindeutige Tendenzen aufweisen.

Marktteilnehmer mit relativ kleinem $\bar{\Psi}_l(i)$ „vergessen" schneller. Befindet sich der Markt seit einiger Zeit in einem effizienten Zustand, so beginnen diese Marktteilnehmer als erstes ihre Routinensätze zufällig auszuwählen, während Marktteilnehmer mit höherem $\bar{\Psi}_l(i)$ an den Lag-0-Kombinationen festhalten. In dieser Zeit erzielen Marktteilnehmer mit höherem $\bar{\Psi}_l(i)$ einen erhöhten Vermögenszuwachs. Andererseits reagieren Marktteilnehmer mit hohem $\bar{\Psi}_l(i)$ relativ träge auf einen Anstieg der historischen Qualität von Indikator-Kombinationen mit aktuellerem Lag. Weisen Lag-0-Kombinationen in einer bestimmten Anzahl von Perioden eine erhöhte Qualität auf, so wird diese bei Marktteilnehmern mit hohem $\bar{\Psi}_l(i)$ in das Verhältnis zu einer relativ großen Zahl von weiteren Beobachtungsperioden gesetzt. Die von diesen Marktteilnehmern gemessene historische Qualität steigt weniger schnell an. Über die Kumulation der beiden Effekte lassen sich keine allgemein gültigen Aussagen treffen. In der Simulation weisen die Gruppen von Marktteilnehmern mit mittlerer Länge der Beobachtungszeiträume einen erhöhten Vermögenszuwachs auf. Dieses Ergebnis dürfte aber in einer starken Abhängigkeit von der gewählten Parameterkonstellation stehen.

7.3 Anzahl der Routinensätze

In diesem Abschnitt wird die Anzahl der Routinensätze L von fünf über 15 auf 30 erhöht. Bei neun möglichen Lag-Indikator-Kombinationen und 30 Routinensätzen ist zu erwarten, daß 97 Prozent der Marktteilnehmer über mindestens einen Routinensatz auf Basis jeder Lag-Indikator-Kombination verfügen. Bei 30 Routinensätzen mißt (nahezu) jeder Marktteilnehmer gleichzeitig die historischen Qualitäten sämtlicher Lag-Indikator-Kombinationen.

Tabelle 7.5 stellt die Nutzung der Informationsquellen in der Periode 1000 als Durchschnitte aus jeweils 100 Simulationsläufen dar. Grafik 7.5 zeigt die Nutzung der Informationsquellen exemplarisch für drei spezielle Simulationsläufe bei fünf, 15 und 30 Routinensätzen.

Mit dem Anstieg der Anzahl der Routinensätze steigt die Nutzung der Lag-0-Kombinationen. Aber auch bei 30 Routinensätzen kann keine vollständige Effizienz erzielt werden. Der Anteil der Lag-0-Kombinationen nähert sich zwar in der überwiegenden Zahl der Perioden eins an. Von Zeit zu Zeit fällt dieser Anteil teilweise drastisch ab, um sich anschließend schnell wieder eins anzunähern. Weiterhin stellt sich keine Konvention in der Bewertung heraus; die Indikatoren lösen sich in der Dominanz ab.

Diese Dynamik in der Nutzung der Lag-Indikator-Kombinationen soll wiederum aus dem Zusammenspiel zweier Determinanten erklärt werden:

1. War der Markt in dem Zeitraum zur Beurteilung der historischen Qualität nicht zu jedem Zeitpunkt effizient, so weisen Marktteilnehmer Routinensätzen mit aktuellerem Lag eine erhöhte Qualität zu. Der Anteil von

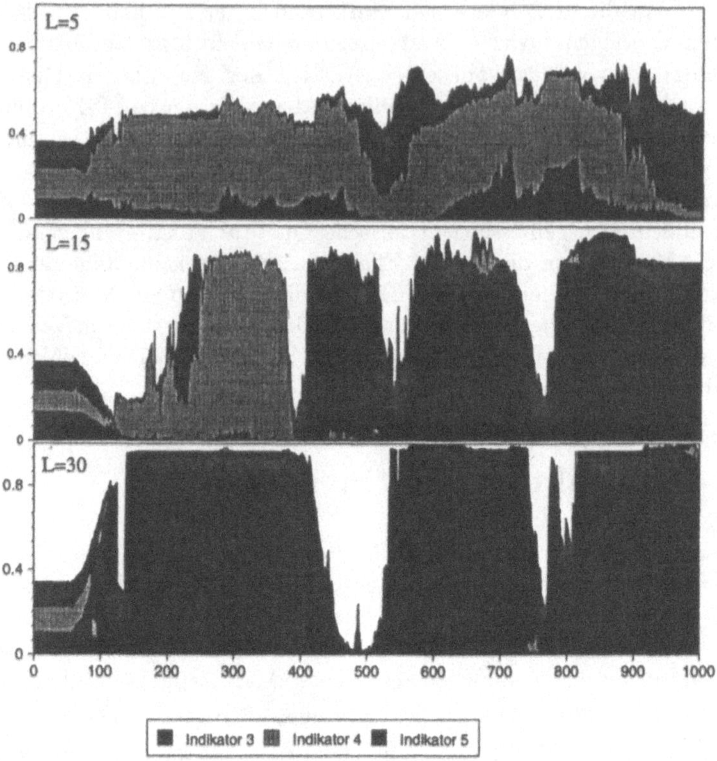

Abbildung 7.5: Nutzung der Informationsquellen mit einem Lag von null bei einer Variation der Anzahl der Routinensätze

aktiven Routinensätzen auf Basis von Lag-0-Kombinationen geht gegen eins.

2. War der Markt in dem Zeitraum zur Beurteilung der historischen Qualität zu jedem Zeitpunkt effizient, so weisen die Marktteilnehmer keiner Lag-Indikator-Kombination eine systematisch erhöhte Qualität zu. Als erstes wählen Marktteilnehmer mit relativ niedrigem $\bar{\Psi}_l(i)$ die Lag-Indikator-Kombinationen zufällig aus. Die Effizienz des Marktes fällt. Ist der Anteil der Marktteilnehmer mit aktiven Lag-0-Kombinationen gering, kann der Markt wieder systematisch vorhergesagt werden. Die Nutzung der Lag-0-Kombinationen steigt aufgrund von Punkt 1 wieder an.

Tabellen 7.6 und 7.7 stellen die durchschnittlichen Vermögen $\bar{v}_m$ bei alternati-

	Lag 2	Lag 1	Lag 0
$L = 5$	7,0%	26,9%	66,1%
$L = 15$	2,2%	15,6%	82,2%
$L = 30$	1,5%	5,3%	93,3%

Tabelle 7.5: Durchschnittliche Nutzung der Informationsquellen bei alternativer Anzahl der Routinensätze

	Gruppe1	Gruppe2	Gruppe3	Gruppe4
Anzahl der Routinensätze $L = 5$				
Mittelwert	0.999334	1.000063	1.000413	1.000070
t-Wert	-2.550	0.133	1.192	0.293
Kruskal-Wallis-Test	18,790 (0.0003)			
Anzahl der Routinensätze $L = 15$				
Mittelwert	0.999950	1.000240	1.000273	0.99982
t-Wert	-0.157	0.822	0.742	-0.804
Kruskal-Wallis-Test	10,185 $(0,0171)$			
Anzahl der Routinensätze $L = 30$				
Mittelwert	0.998169	1.000501	1.001049	0.999926
t-Wert	-4.514	1.207	3.167	-0.179
Kruskal-Wallis-Test	68,460 $(< 0,0001)$			

Tabelle 7.6: Durchschnittliche Vermögen bei Gliederung nach $\bar{\Psi}_l(i)$

ver Anzahl von Routinensätzen $\bar{\Psi}_l(i)$ und bei alternativer Risikoaversion $\Lambda(i)$ dar. Die Gruppen werden wiederum anhand des Medians und der Quartile der Merkmale gebildet. Die Vermögen $\bar{v}_m$ sind Durchschnitte aus 100 Simulationsläufen. Die Signifikanz der Ergebnisse wird anhand des t-Tests und des nicht-parametrischen Kruskal-Wallis-Tests überprüft.

Bei einer Gliederung nach der Anzahl der Perioden zur Beurteilung der historischen Qualität $\bar{\Psi}_l(i)$ weisen die Gruppen 2 und 3 einen erhöhten Vermögenszuwachs und die Gruppen 1 und 4 einen verminderten Vermögenszuwachs auf. Wie in der Ausgangssituation sind die Ergebnisse in der Regel nicht signifikant. Lediglich bei fünf und 30 Routinensätzen weisen Marktteilnehmer der Gruppe 1 einen signifikant unterdurchschnittlichen und bei 30 Routinensätzen Marktteilnehmer der Gruppe 3 einen signifikant überdurchschnittlichen Vermögenszuwachs auf.

Bei einer Gliederung der Population nach der Risikoaversion $\Lambda(i)$ verfügen Gruppen mit geringerer Risikoaversion (niedrigem $\Lambda(i)$) über einen erhöhten relativen Vermögenszuwachs. Die Signifikanz dieses Ergebnisses sinkt aber mit

	Gruppe1	Gruppe2	Gruppe3	Gruppe4
Anzahl der Routinensätze $L = 5$				
Mittelwert	1.001293	1.000237	0.999449	0.99903
t-Wert	5.222	0.7155	-1.156	-2.262
Kruskal-Wallis-Test	48,312 ($< 0,0001$)			
Anzahl der Routinensätze $L = 15$				
Mittelwert	1.000969	1.000806	0.999076	0.999202
t-Wert	3.798	2.897	-2.060	-2.569
Kruskal-Wallis-Test	58,319 ($< 0,0001$)			
Anzahl der Routinensätze $L = 30$				
Mittelwert	1.000507	1.000218	0.999569	0.999980
t-Wert	1.988	0.757	-1.200	-0.046
Kruskal-Wallis-Test	14,018 (0.0029)			

Tabelle 7.7: Durchschnittliche Vermögen bei Gliederung nach $\Lambda(i)$

steigender Anzahl der Routinensätze. Mit steigender Anzahl der Routinensätze steigt die Nutzung der Lag-0-Kombinationen, und die Möglichkeit, den Markt systematisch zu prognostizieren, nimmt ab. Der erhöhte Vermögenszuwachs der risikobereiteren Marktteilnehmer in der Ausgangssituation bei fünf Routinensätzen scheint zum Teil durch systematische Prognosemöglichkeiten begründet zu sein. Bei steigender Zahl der Routinensätze resultiert der erhöhte Vermögenszuwachs in zunehmendem Maße nur noch aus den im Schnitt steigenden Preisen.

Entsprechend des Kruskal-Wallis-Tests wird die Hypothese der Gleichheit der Erwartungswerte in sämtlichen Szenarien abgelehnt.

7.4 Meta-Erwartungen

In diesem Abschnitt wird neben der Verhaltensweise *Revision*1 ($\bar{\Psi}_v(i) = 1$) auch *Revision*2 ($\bar{\Psi}_v(i) = 2$) zur Bildung der erwarteten Qualität der Routinensätze zugelassen.

Marktteilnehmer mit *Revision*1 führen weiterhin eine naive Erwartungsbildung auf der Ebene der Meta-Erwartungen durch. Die Verhaltensweise *Revision*2 wird mit $\Psi_e(i) = 0.025$ spezifiziert[7]. Die Anzahl der Perioden zur Messung der historischen Qualität in der kurzen Frist beträgt $\bar{\Psi}_k(i) = \bar{\Psi}_l(i)/2$. Marktteilnehmer mit *Revision*2 erwarten eine Qualität die der langfristigen, historischen

[7] Vgl. Gleichung(6.60) auf Seite 86.

Qualität zuzüglich der mit $\Psi_e(i)$ gewichteten Differenz zwischen kurzfristiger und langfristiger Qualität entspricht. Diese Marktteilnehmer bevorzugen Verhaltensweisen die erstens eine hohe langfristige Qualität aufweisen und zweitens deren in der kurzen Frist gemessene Qualität die langfristige Qualität überschreitet.

Ziel dieses Abschnitts ist die Untersuchung der Frage, ob Marktteilnehmer mit *Revision*2 einen systematisch erhöhten oder verminderten Vermögenszuwachs aufweisen. Um die Effekte der Verhaltensweise *Revision*2 auf die Preisbildung gering zu halten, werden die Populationen so generiert, daß 90 Prozent der Marktteilnehmer ihre Erwartungen entsprechend *Revision*1 und die übrigen entsprechend *Revision*2 bilden.

Tabelle 7.8 zeigt die arithmetischen Mittel von $v_m(t = 1000)$ bei einer Gliederung der Population nach *Revision*1 $(m = 1)$ und *Revision*2 $(m = 2)$. Die Werte beziehen sich wiederum auf 100 Simulationsläufe.

Eine nicht-parametrische Überprüfung der Signifikanz erfolgt anhand des Kolmogorow-Smirnow-Tests[8]. Null-Hypothese ist eine gleiche Verteilung von $v_1(t = 1000)$ und $v_2(t = 1000)$. Als Gegenhypothese wird betrachtet, daß an mindestens einem Punkt die Verteilungsfunktion von $v_2(t = 1000)$ größer als die Verteilungsfunktion von $v_1(t = 1000)$ ist.

Die Verhaltensweise *Revision*2 führt in der Ausgangssituation bei fünf Routinensätzen zu einem erhöhten Vermögenszuwachs. Bei 15 Routinensätzen ist ein leicht erhöhter und bei 30 Routinensätzen ein leicht verminderter relativer Vermögenszuwachs zu verzeichnen. Lediglich die Ergebnisse der Ausgangssituation sind entsprechend des t-Tests signifikant. Der Kolmogorow-Smirnow-Test lehnt die Null-Hypothese für $L = 5$ und $L = 15$ Routinensätze signifikant ab.

Marktteilnehmer mit *Revision*2 gewichten die Leistung der Routinensätze in der jüngeren Vergangenheit stärker. Gleichzeitig verfügen sie über ein erwartetes $\bar{\Psi}_l(i)$, das dem Erwartungswert der Population entspricht. Der erhöhte relative Vermögenszuwachs kann damit erklärt werden, daß diese Marktteilnehmer einerseits relativ schnell ineffiziente Marktsituationen erkennen, andererseits

[8]In den vorherigen Abschnitten wurde der nicht-parametrische Kruskal-Wallis-Test zur Überprüfung der Signifikanz herangezogen. Der Kruskal-Wallis-Test für n-Stichproben ist eine Verallgemeinerung des Wilcoxon-Rangsummentests für zwei Stichproben. Voraussetzung zur Anwendung dieser Tests ist eine, abgesehen von den Lageparametern, gleiche Verteilung der Stichproben. Da bei der betrachteten Gliederung der Population eine unterschiedliche Anzahl von Marktteilnehmern den Gruppen *Revision*1 und *Revision*2 zugeordnet ist, weisen die Quotienten v_1 und v_2 unterschiedliche Varianzen auf. Der Wilcoxon-Rangsummentest ist hier nicht anwendbar. Der Kolmogorow-Smirnow-Test läßt hingegen eine unterschiedliche Varianz der Stichproben zu (Büning und Trenkler 1978, S. 133).

	Revision1	*Revision2*
Anzahl der Routinensätze $L = 5$		
Mittelwert	0.999920	1.000969
t-Wert	-2.517	2.244
Kolmogorow-Smirnow-Test	0,58[a] (< 0.0001)[b]	
Anzahl der Routinensätze $L = 15$		
Mittelwert	0.999991	1.000077
t-Wert	-0.168	0.098
Kolmogorow-Smirnow-Test	0,50 (< 0.0001)	
Anzahl der Routinensätze $L = 30$		
Mittelwert	1.00003	0.999422
t-Wert	0.349	-0.540
Kolmogorow-Smirnow-Test	0,11 (0.3987)	

Tabelle 7.8: Vermögen mit $\Psi_e(i) = 0.025$

[a]Kolmogorow-Smirnow-Teststatistik. Vgl. Büning und Trenkler (1978, S.134).
[b]Wahrscheinlichkeit, unter der Null-Hypothese einen größeren Wert der Test-Statistik zu erhalten.

	Gruppe1	Gruppe2	Gruppe3	Gruppe4
Mittelwert	0,998312	1,000346	1,000299	1,001098
t-Wert	-5,723	1,757	1,087	5,905
Kruskal-Wallis-Test	123,97 (< 0.0001)			

Tabelle 7.9: Durchschnittliche Vermögen der Marktteilnehmer mit *Revision*2 bei Gliederung nach $\bar{\Psi}_l(i)$

aber nicht schneller „vergessen“ als der Durchschnitt aller Marktteilnehmer[9].

Tabelle 7.9 zeigt die relativen Vermögen in der Situation mit fünf Routinensätzen bei einer Gliederung der Gruppe *Revision*2 nach der Anzahl der Perioden zur Performancemessung $\bar{\Psi}_l(i)$. Mit steigendem $\bar{\Psi}_l(i)$ steigt der relative Vermögenszuwachs. Die Verhaltensweise *Revision*2 mit hohem $\bar{\Psi}_l(i)$ hat einerseits ein überdurchschnittlich langes Gedächtnis, andererseits reagiert sie schnell auf einen Anstieg der historischen Qualität. Wäre der Markt in einem neoklassischen Sinne effizient, dürften natürlich weder Marktteilnehmer mit *Revision*2 noch Marktteilnehmer mit hohen $\bar{\Psi}_l(i)$ über- oder unterdurchschnittliche Vermögenszuwächse erzielen.

[9]Vgl. Argumentation im Abschnitt 7.2.

7.5 Der Suchprozeß

In den vorherigen Abschnitten wurde eine Suche der Marktteilnehmer nach neuen Ansätzen zur Erwartungsbildung nicht betrachtet; die Marktteilnehmer wählten den zu aktivierenden Satz aus den vorhandenen Routinensätzen aus. Die Routinensätze unterlagen nicht der Veränderung. Nachfolgend soll die Bedeutung von Imitationen und Innovationen der Routinensätze aufgezeigt werden.

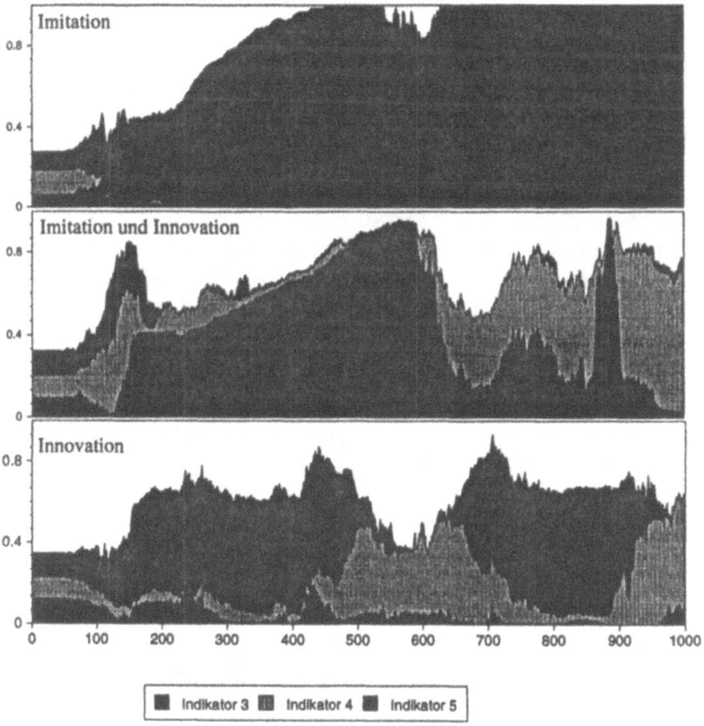

Abbildung 7.6: Nutzung der Informationsquellen mit einem Lag von null bei unterschiedlicher Spezifikation des Suchprozesses

Zusätzlich zu der Ausgangssituation aus Abschnitt 7.1 wird der Suchprozeß mit $\Omega_a^{in} = \Omega_a^{im} = 1$ und $\Omega_c^{in} = \Omega_c^{im} = 0,1$ sowie $\Omega_d = 2$ spezifiziert. Es werden drei alternative Szenarien betrachtet. Im ersten Szenario werden ausschließlich Imitationsaktivitäten zugelassen ($\Omega_b^{im} = 0,2$ und $\Omega_b^{in} = 1$); im Szenario

2 sowohl Imitation als auch Innovation ($\Omega_b^{im} = 0,2$ und $\Omega_b^{in} = 0,2$) und im Szenario 3 ausschließlich Innovationen ($\Omega_b^{im} = 1$ und $\Omega_b^{in} = 0,2$). Die Simulationen werden jeweils bei $L = 5$ Routinensätzen durchgeführt. Unter jeder Parameterkonstellation werden wiederum 100 Simulationsläufe betrachtet.

Tabelle 7.10 stellt die Nutzung der Informationsquellen, die Imitations- und Innovationsaktivität sowie das Auftreten von Dominanzen dar. Die Nutzung der Informationsquellen bezieht sich wiederum auf den durchschnittlichen Anteil der Indikatoren in der Periode 1000. Die Suchaktivität wird anhand der durchschnittlich pro Periode stattfindenden Anzahl von Innovationen und Imitationen aufgezeigt. Eine Dominanz soll vorliegen, wenn mindestens 80 Prozent der aktiven Routinensätze auf einer bestimmten Lag-Indikator-Kombination beruhen. Es werden die durchschnittliche Länge und die durchschnittliche Anzahl der Dominanzen dargestellt. Abbildung 7.6 zeigt drei typische Simulationsläufe aus den zuvor definierten Szenarien.

Bei Parametern von $\Omega_b^{im} = 0,2$ und $\Omega_b^{in} = 1$ ereignen sich in der Population von 500 Marktteilnehmern im Schnitt pro Periode 2,86 Imitationen und keine Innovationen. Der durchschnittliche Anteil von Lag-0-Kombinationen in der Periode 1000 beträgt 99,1 Prozent. In allen durchgeführten Simulationsläufen stellte sich eine Konvention in der Bewertung des Risikoaktivums heraus, d.h., eine Lag-0-Kombination dominiert die Population, und diese Dominanz wird von keiner anderen Kombination abgelöst[10]. Dieses Modellverhalten kann damit erklärt werden, daß es durch die hohe Imitationsaktivität zu einer raschen Reduktion der Anzahl an *unterschiedlichen* Routinensätzen kommt. Der Routinensatz mit der höchsten historischen Qualität breitet sich in der Population aus und löscht alle anderen Sätze. Reduziert sich im Laufe der Zeit die historische Qualität dieses Satzes, sind alternative Ansätze zur Erwartungsbildung nicht mehr vorhanden.

Werden bei $\Omega_b^{im} = 0,2$ und $\Omega_b^{in} = 0,2$ sowohl Imitationen als auch Innovationen ermöglicht, steigt einerseits, im Vergleich zur Ausgangssituation, der Anteil der aktiven Lag-0-Kombinationen in der Periode 1000, und andererseits bildet sich keine Konvention in der Erwartungsbildung heraus. Im Vergleich zum Szenario 1 steigt die Anzahl der Dominanzen, und deren Länge vermindert sich. In diesen beiden Punkten wird mithin ein ähnliches Ergebnis erzielt wie in der Situation mit $L = 30$ Routinensätzen und keiner Imitation und Innovation. Allerdings ist bei $L = 30$ Routinensätzen ein häufiger und schneller Wechsel in der Dominanz der Lag-Indikator-Kombinationen zu beobachten. In der vorliegenden Situation werden insgesamt weniger, dafür längere Dominanzen beobachtet; die Wechsel in den Dominanzen beanspruchen sehr viel mehr Zeit.

[10] Vgl. obere Grafik in der Abbildung 7.6.

Lag 2[a]	Lag 1	Lag 0	Anzahl der Imitationen[b]	Anzahl der Innovationen[c]	Länge der Dominanzen[d]	Anzahl der Dominanzen[e]
Szenario 1: Imitation						
0,2%	0,7%	99,1%	2,86	0	343,6	1,1
Szenario 2: Imitation und Innovation						
2,3%	8,9%	90,8%	1,63	1,78	139,6	2,3
Szenario 3: Innovation						
5,7%	19,2%	75,0%	0	2,87	30,94	0,26

Tabelle 7.10: Nutzung der Informationsquellen, Innovations- und Imitationsaktivität und Dominanzen

[a]Nutzung in der Periode 1000. Durchschnitt über alle durchgeführten Simulationsläufe.
[b]Durchschnittliche Anzahl über alle Simulationsläufe und alle Perioden.
[c]Durchschnittliche Anzahl über alle Simulationsläufe und alle Perioden.
[d]Durchschnitt über alle Dominanzen und alle Simulationsläufe. Länge in Anzahl der Perioden gemessen.
[e]Durchschnitt über alle Simulationsläufe.

Δ	Lag 2	Lag 1	Lag 0
0,2	12,4%	73,3%	14,3%
0,4	10,3%	59,4%	30,2%
0,6	8,2%	38,2%	53,6%
0,8	5,2%	18,4%	76,3%

Tabelle 7.11: Durchschnittliche Nutzung der Informationsquellen bei alternativem Anteil der informierten Marktteilnehmer

Werden im dritten Szenario nur Innovationen zugelassen, ergibt sich, im Vergleich zur Ausgangssituation, eine leichte Erhöhung in der Nutzung der Lag-0-Kombinationen. Es stellt sich wiederum keine Konvention in der Bewertung des Risikoaktivums heraus. Dominanzen treten selten auf.

7.6 Marktteilnehmer mit einem Informationsvorsprung

In diesem Abschnitt soll die Population in informierte und in uninformierte Marktteilnehmer unterteilt werden. Die informierten Marktteilnehmer können die Informationsquellen mit einer höheren Aktualität beobachten. Es soll untersucht werden, ob die informierten Marktteilnehmer einen höheren Vermögenszuwachs erzielen und in welcher Beziehung der Vermögenszuwachs zum Anteil dieser Marktteilnehmer in der Population steht. Weiterhin soll der Vermögenszuwachs der informierten Marktteilnehmer in Abhängigkeit von der Risikoaversion betrachtet werden.

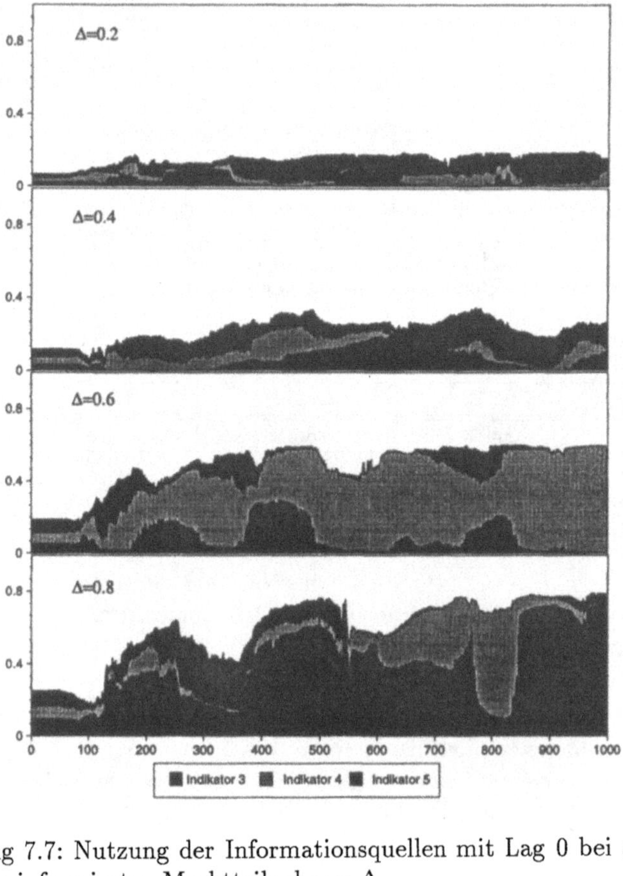

Abbildung 7.7: Nutzung der Informationsquellen mit Lag 0 bei alternativem Anteil der informierten Marktteilnehmer Δ

Ausgangspunkt ist die Parameterkonstellation aus Abschnitt 7.5 mit Innovations- und Imitationsaktivität ($\Omega_b^{im} = 0,2$ und $\Omega_b^{in} = 0,2$) der Marktteilnehmer. Das Lag zur Beobachtung der Indikatoren beträgt für die uninformierten Marktteilnehmer mindestens eins, während die informierten Marktteilnehmer auch über Informationen mit dem Lag null verfügen können. Der

Anteil der informierten Marktteilnehmer wird exogen durch Δ festgelegt. Das Lag $\bar{\varpi}_1^{reg}(ilmt)$ ergibt sich für beide Gruppen als gleichverteilte Zufallsvariablen aus den durch Gleichung (7.5) festgelegten Mengen.

$$\begin{aligned} \bar{\varpi}_1^{reg}(ilmt) &\in \{0,1,2\} \quad \text{falls} \quad i \leq I\Delta \\ \bar{\varpi}_1^{reg}(ilmt) &\in \{1,2\} \quad \text{falls} \quad i > I\Delta \end{aligned} \tag{7.5}$$

Tabelle 7.11 zeigt die Nutzung der Informationsquellen in der Periode 1000 bei alternativen Anteilen der informierten Marktteilnehmer Δ. Der Anteil der informierten Marktteilnehmer gibt gleichzeitig die maximale Nutzung der Lag-0-Kombinationen an. Der überwiegende Teil der informierten Marktteilnehmer erkennt die Vorteilhaftigkeit der Lag-0-Kombinationen. Die uninformierten Marktteilnehmer bevorzugen mehrheitlich Lag-1-Kombinationen. Grafik 7.7 zeigt die Nutzung der Indikatoren mit einem Lag von null bei einem Anteil der informierten Marktteilnehmer von 20, 40, 60 und 80 Prozent. Auch unter den informierten Marktteilnehmern stellt sich keine Konvention in der Nutzung der Lag-Indikator-Kombinationen heraus.

Tabelle 7.12 zeigt die End-Vermögen der informierten Marktteilnehmer im Verhältnis zu den uninformierten. Marktteilnehmer mit einem Informationsvorsprung weisen einen erhöhten relativen Vermögenszuwachs auf. Der Vermögenszuwachs vermindert sich mit zunehmendem Anteil der informierten Marktteilnehmer. Aber auch bei 80 Prozent informierter Marktteilnehmer ist noch eine signifikante Überperformance gegeben. Die relativen Vermögen der uninformierten Marktteilnehmer sinken mit steigendem Δ. Alle Ergebnisse sind sowohl auf Basis des t-Tests als auch nach Kolmogorow-Smirnow hochgradig signifikant.

Die informierten Marktteilnehmer werden in Tabelle 7.13 nach ihrer Risikoaversion $\Lambda(i)$ gruppiert. Jede Spalte zeigt das Gruppenvermögen im Verhältnis zum Vermögen aller informierten Marktteilnehmer. Die Überperformance der risikobereitesten Marktteilnehmer (Gruppe1) nimmt mit steigendem Anteil Δ ab. Bei $\Delta = 0,2$ sind die informierten Marktteilnehmer in der Lage, die Preise systematisch zu prognostizieren. Wird ein positiver Ertrag erwartet, sind risikobereitere Marktteilnehmer bestrebt, einen höheren Anteil des Risikoaktivums zu halten. Wird ein negativer Ertrag erwartet, sind die Marktteilnehmer, unabhängig von ihrer Risikoaversion, bestrebt, das Risikoaktivum nicht zu halten. Mit steigendem Anteil der informierten Marktteilnehmer vermindert sich die Möglichkeit, die Preise systematisch zu prognostizieren. In dieser Situation kann der erhöhte Vermögenszuwachs der risikobereiteren Marktteilnehmer,

	uninformiert	informiert
$\Delta = 0,2$		
Mittelwert	0.994213	1.023153
t-Wert	-4.551	4.552
Kolmogorow-Smirnow-Test	1 (< 0.0001)	
$\Delta = 0,4$		
Mittelwert	0.993988	1.010107
t-Wert	-9.118	6.011
Kolmogorow-Smirnow-Test	1 (< 0.0001)	
$\Delta = 0,6$		
Mittelwert	0.992230	1.005181
t-Wert	-9.730	9.729
Kolmogorow-Smirnow-Test	1 (< 0.0001)	
$\Delta = 0,8$		
Mittelwert	0.988926	1.002769
t-Wert	-11.193	11.203
Kolmogorow-Smirnow-Test	1[a] (< 0.0001)	

Tabelle 7.12: Vermögen der informierten und uninformierten Marktteilnehmer

[a]Die Kolmogorow-Smirnow-Statistik weißt für alle Δ's einheitlich den Wert eins aus, da in sämtlichen Simulationsläufen die informierten Marktteilnehmer einen höheren relativen Vermögenszuwachs erzielen.

wie zuvor, durch den im Schnitt steigenden Preis des Risikoaktivums erklärt werden.

7.7 Historische Preise in der Regressionsgleichung

In diesem Abschnitt soll untersucht werden, inwieweit Marktteilnehmer historische Preise in die Erwartungsbildung einfließen lassen. Eine Effizienz des simulierten Marktes soll vorliegen, wenn Marktteilnehmer ihre Erwartungen ausschließlich auf Basis der exogenen Indikatoren 3, 4 und 5 bilden.

Basierend auf dem Szenario 2 mit Innovations- und Imitationsaktivität aus Abschnitt 7.5 können Marktteilnehmer zusätzlich historische Preise als erklärende Größen in der Regressionsgleichung verwenden. Die Charakteristik $\bar{\pi}_1^{reg}$ kann Werte aus der Menge $\{2, 3, 4, 5\}$ annehmen. Analog zu den exogenen Indika-

	Gruppe1	Gruppe2	Gruppe3	Gruppe4
$\Delta = 0,2$				
Mittelwert	1.004564	1.001368	0.998016	0.996074
t-Wert	3.497	0.728	-1.429	-2.112
Kruskal-Wallis-Test	96.581 (< 0.0001)			
$\Delta = 0,4$				
Mittelwert	1.003763	0.999807	0.998683	0.997629
t-Wert	2.836	-0.443	-2.065	-2.879
Kruskal-Wallis-Test	118.92(< 0.0001)			
$\Delta = 0,6$				
Mittelwert	1.001796	0.999562	0.999392	0.999365
t-Wert	2.922	-1.704	2.087	-2.240
Kruskal-Wallis-Test	59.387(< 0.0001)			
$\Delta = 0,8$				
Mittelwert	1.001035	0.999533	0.999538	0.999915
t-Wert	2.914	-1.981	-2.404	-0.323
Kruskal-Wallis-Test	60.981 (< 0.0001)			

Tabelle 7.13: Durchschnittliche Vermögen der informierten Marktteilnehmer bei Gliederung nach $\Lambda(i)$

toren können die historischen Preise mit einem Lag von 0, 1 oder 2 einfließen. Lag 0 bedeutet, daß Marktteilnehmer die aktuellsten zur Verfügung stehenden Informationen, d.h. die Preise der letzten Periode, verwenden.

Tabelle 7.14 zeigt die Nutzung der Informationsquellen in der Periode 1000. Die Werte sind wiederum Durchschnitte über 100 Simulationsläufe. Routinensätze mit Preisen (Indikator 2) als erklärende Größen werden mit 15,8 Prozent am wenigsten von den Marktteilnehmern aktiviert. Am relativ stärksten werden historische Preise mit Lag 0 eingesetzt.

Einen typischen Simulationslauf unter dieser Parameterkonstellation zeigt Ab-

	Lag 2	Lag 1	Lag 0	Summe
Indikator 5	3.7%	8.4%	15.6%	27.8%
Indikator 4	3.8%	7.1%	15.8%	26.7%
Indikator 3	3.8%	9.0%	17.0%	29.7%
Preis	2.6%	3.2%	9.9%	15.8%
Summe	13.9%	27.8%	58.3%	100.0%

Tabelle 7.14: Durchschnittliche Nutzung der Informationsquellen

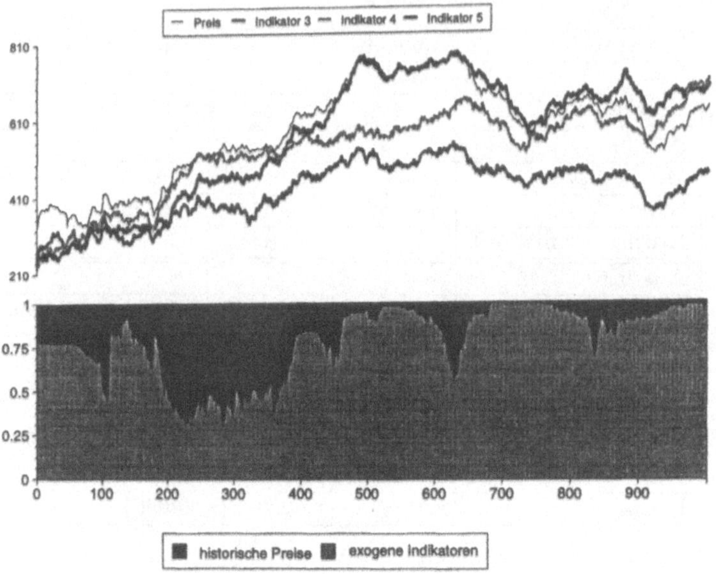

Abbildung 7.8: Ein typischer Simulationslauf mit der Möglichkeit der Erwartungsbildung auf Basis historischer Preise

bildung 7.8. In der überwiegenden Anzahl der Perioden werden historische Preise auf einem relativ geringen Niveau eingesetzt. Von Zeit zu Zeit kommt es zu einer verstärkten Nutzung der historischen Preise. Die verstärkte Nutzung wird aber innerhalb kurzer Zeit wieder zurückgeführt.

Wird von der überwiegenden Anzahl der Marktteilnehmer ein exogener Indikator eingesetzt, spiegelt der Preis der aktuellen Periode die Information des Indikators wider. Dieser Preis steht den Marktteilnehmern in der kommenden Periode als Information zur Verfügung. Preise mit dem Lag 0 haben in diesem Fall einen ähnlichen Informationsgehalt wie der exogene Indikator mit Lag 1. Historische Preise stellen im Vergleich zu den exogenen Informationen „veraltete“ Information zur Verfügung. Daß es dennoch von Zeit zu Zeit zum Auftreten von Erwartungsbildungsansätzen auf Basis von historischen Preisen kommt, kann analog zum Abschnitt 7.3 erklärt werden. Ist der Markt in einer Weise effizient, daß nur die aktuellsten Werte der exogenen Indikatoren in die Erwartungsbildung einfließen, weisen Lag-0-Kombinationen dieser Indikatoren keine erhöhten Qualitäten auf. Nach einiger Zeit „vergessen“ Marktteilnehmer die Vorteilhaftigkeit dieser Kombinationen und wechseln ihre Routinensätze zufällig. Der zufällige Routinenwechsel kann zum Einsatz von historischen Preisen führen.

Abbildung 7.8 zeigt, daß Ansätze auf Basis historischer Preise nur zeitweise verstärkt eingesetzt werden. Es bildet sich keine Dominanz dieser Verhaltensweisen heraus; die Nutzung der historischen Preise in der Erwartungsbildung geht nach einiger Zeit wieder zurück. Weiterhin stellen sich keine selbsterfüllenden Erwartungen in dem Sinne ein, daß eine positive Ertragserwartung zu einem Steigen des Preises führt und daß das Steigen der Preise wiederum positive Ertragserwartungen verursacht. Die Folge wäre ein ohne Grenzen wachsender Preis, d.h. ein Explodieren des Systems[11].

7.8 Optimierendes Verhalten versus Marketmaker

Basierend auf der Parameterkonstellation aus Abschnitt 7.5 mit Innovations- und Imitationsaktivität der Marktteilnehmer wird neben der Maximierung des Erwartungsnutzens die Verhaltensweise *Marketmaker* zur Allokationsentscheidung zugelassen.

Charakteristik	Wertebereich
Einfluß der Standardabweichung $\alpha^{mm}(ilt)$	$0,5,\ldots,1,5$
Einfluß des Investitionsgrades $\beta^{mm}(ilt)$	$0,05,\ldots,0,3$
Anteil Aktivum $j=1$ $\gamma^{mm}(ilt)$	$0,05,\ldots,0,3$
Anteil Aktivum $j=2$ $\delta^{mm}(ilt)$	$0,05,\ldots,0,3$

Tabelle 7.15: Charakteristika der Verhaltensweise Marketmaker

Tabelle 7.15 spezifiziert die Parameter der Marketmaker. In die Berechnung der Limits gehen die historischen Standardabweichungen minimal mit dem Faktor 0,5 und maximal mit dem Faktor 1,5 ein. Eine Über- bzw. Unterinvestition vermindert bzw. erhöht die Limits minimal um 5 Prozent und maximal um 30 Prozent der Differenz zwischen Benchmark und Portfolio. Die Marketmaker bieten minimal 5 Prozent und maximal 30 Prozent der Aktiva zum Kauf bzw. zum Verkauf an.

[11] Die Erklärung dieses Modellverhaltens soll im Abschnitt 8.2 erfolgen.

In allen 100 durchgeführten Simulationsläufen konnte nach kurzer Zeit eine Dominanz des optimierenden Verhaltens beobachtet werden. In der Periode 1000 wurde von keinem Marktteilnehmer die Verhaltensweise *Marketmaker* eingesetzt. Abbildung 7.9 zeigt einen typischen Simulationslauf unter diesem Szenario.

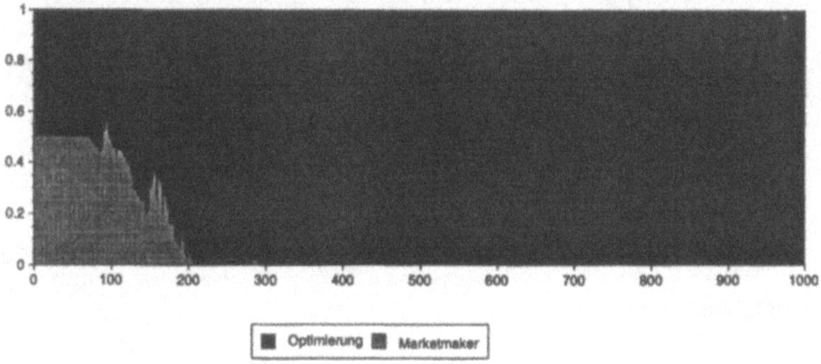

Abbildung 7.9: Ein typischer Simulationslauf mit der Möglichkeit der Verhaltensrevision auf der Ebene der Allokationsentscheidung

Dieses Ergebnis zeigt sich robust gegenüber einer Variation der Wertebereiche der Charakteristika. Für jede Charakteristik wurden jeweils 20 Simulationsläufe mit halbierten und verdoppelten Ober- und Untergrenzen der Tabelle 7.15 durchgeführt. In allen 160 Simulationsläufen dominierte nach kurzer Zeit die Maximierung des Erwartungsnutzens.

Im evolutorischen Modell halten die Marktteilnehmer im Unterschied zu den Modellen von DeLong et al. (1991) und Shleifer und Summers (1990) im Rahmen der Allokationsentscheidung nicht an Verhaltensweisen fest, die sich *ex post* als suboptimal herausstellen. Die Marktteilnehmer erkennen anhand der historischen Entwicklung der virtuellen Portfolios die Vorteilhaftigkeit einer Maximierung des Erwartungsnutzens und revidieren ihr Verhalten.

7.9 Zusammenfassung

In den durchgeführten Simulationen erkennen die Marktteilnehmer stets innerhalb kurzer Zeit die Vorteilhaftigkeit des Einsatzes der aktuellsten Informationen zur Erwartungsbildung. Historische Preise werden weniger häufig als originäre Informationen eingesetzt. Eine Konvention in der Erwartungsbildung bildet sich nicht heraus.

Die Verwendung von Lag-0-Informationen in der Population steigt mit zunehmender Anzahl der Routinensätze bzw. mit zunehmender Neuerungsaktivität der Marktteilnehmer. Aber auch wenn bei 30 Routinensätzen (nahezu) allen Marktteilnehmern sämtliche Indikator-Lag-Kombinationen zur Verfügung stehen, kann keine vollständige Effizienz erzielt werden. Von Zeit zur Zeit fällt der Anteil der Nutzer der aktuellsten Informationen vorübergehend drastisch ab.

Darüber hinaus konnten Gruppen von Marktteilnehmern ausgemacht werden, die im Vergleich zu den übrigen Marktteilnehmern einen systematisch höheren Vermögenszuwachs aufweisen:

- Bewegt sich die Nutzung von Lag-0-Informationen auf einem niedrigen Niveau, verzeichnen risikobereitere Marktteilnehmer einen relativen Vermögenszuwachs. Der relative Vermögenszuwachs vermindert sich mit stärkerer Nutzung von Lag-0-Informationen in der Population.

- Marktteilnehmer, die zur Berechnung der erwarteten Qualität der Routinensätze die historische Qualität in der jüngeren Vergangenheit stärker gewichten, erzielen einen relativen Vermögenszuwachs. Mit steigender Anzahl von Routinensätzen vermindert sich der relative Vermögenszuwachs.

- Marktteilnehmer mit einem Informationsvorsprung. Auch bei einem relativ hohen Anteil der informierten Marktteilnehmer ist noch ein erhöhter Vermögenszuwachs gegeben.

In der Allokationsentscheidung setzt sich eine Maximierung des Erwartungsnutzens stets gegen die nicht-optimierende Verhaltensweise *Marketmaker* durch.

Routinenwechsel sowie Innovations- und Imitationsaktivität der Marktteilnehmer führen in den betrachteten Szenarien zu einer Verbesserung der Effizienz der Märkte. Die Nutzung der Lag-0-Informationen steigt, und der relative Vermögenszuwachs einzelner Gruppen baut sich ab.

In diesem Kapitel war die Erwartungsbildung auf die Regressionsanalyse beschränkt. Im nächsten Kapitel soll die Bedeutung von naiver und adaptiver Erwartungsbildung sowie Erwartungsbildung auf Basis von gleitenden Durchschnitten aufgezeigt werden.

Kapitel 8

Spekulative Blasen

In dem vorherigen Kapitel führten die Routinenwechsel und die Suchaktivitäten der Marktteilnehmer stets zu einer Erhöhung der Effizienz im Sinne einer stärkeren Nutzung aktueller, originärer Information oder der Rückführung relativer Vermögenszuwächse einzelner Gruppen.

In diesem Kapitel soll aufgezeigt werden, daß die Verhaltensrevisionen und Neuerungsaktivitäten zur Entstehung von spekulativen Blasen und damit zur Ineffizienz des Marktes beitragen können.

Die Definition von spekulativen Blasen im Rahmen dieses Modells ist problematisch. Aufgrund fehlender Zins- und Dividendenzahlungen ist es nicht möglich, spekulative Blasen anhand der Abweichung des Preises vom Fundamentalwert zu definieren (Diba und Grossman (1988)). Aus diesem Grunde soll die Preisentwicklung unter Einbeziehung alternativer Ansätze zur Erwartungsbildung auf *explodierende* spekulative Blasen untersucht werden. Explodierende spekulative Blasen sollen vorliegen, wenn entweder ein ohne Grenzen wachsender Preis oder ein ohne Grenzen fallender Preis beobachtet wird.

Abschnitt 8.1 spezifiziert die Erwartungsbildungsansätze, die den Marktteilnehmern neben der Regressionsanalyse zur Verfügung stehen. Konstellationen, die zur Entstehung von spekulativen Blasen in Abhängigkeit von der Suchaktivität der Marktteilnehmer führen, sind Inhalt des Abschnitts 8.2. In Abschnitt 8.3 werden die Wirkungen einer Variation der Heterogenität der Population auf die Preisbildung untersucht.

8.1 Alternative Ansätze zur Erwartungsbildung

Die Ausgangssituation aus dem Abschnitt 7.1 wird zunächst unverändert übernommen. Das Innovations- und Imitationsverhalten wird analog zum Szenario 2 aus Abschnitt 7.5 spezifiziert. Zusätzlich wird den Marktteilnehmern die Zeitreihenanalyse zur Erwartungsbildung zur Verfügung gestellt. Sukzessiv können die Marktteilnehmer die erwarteten Erträge neben der Regressionsanalyse auf Basis von naiven Erwartungen (*Zeitreihenanalyse*1), gleitenden Durchschnitten (*Zeitreihenanalyse*2) und adaptiven Erwartungen (*Zeitreihenanalyse*3) bilden. Die Simulationsläufe werden mit und ohne Routinenwechsel sowie mit und ohne Variationsaktivitäten durchgeführt.

Tabelle 8.1 zeigt die gewählten Grenzen für die Parameter der Erwartungsbildungsansätze. Bei der naiven Erwartungsbildung sollen mit $0 < \gamma^c(ilmt) < 1$ bzw. $0 < \gamma^c(ilmt) < 2$ zwei Alternativen betrachtet werden. Mit $0 < \gamma^c(ilmt) < 2$ werden erwartete Erträge zugelassen, deren Beträge systematisch größer sind als die Beträge der zuletzt realisierten Erträge. Die Regressionsanalyse wird wie in der Ausgangssituation spezifiziert.

Ansatz	Parameter
naive Erwartungen	$0 < \gamma^c(ilmt) < 1$ bzw. $0 < \gamma^c(ilmt) < 2$
gleitende Durchschnitte	$0 < \bar{\alpha}^c(ilmt) < 100$
adaptive Erwartungen	$0 < \beta^c(ilmt) < 1$

Tabelle 8.1: Spezifikation der Erwartungsbildungsansätze

Es werden vier Szenarien mit alternativen Möglichkeiten zur Erwartungsbildung betrachtet. Die möglichen Erwartungsbildungsansätze werden durch die Charakteristik $\bar{\eta}(ilmt)$ festgelegt. Die zulässigen Ausprägungen von $\bar{\eta}(ilmt)$ zeigt Tabelle 8.2. $\bar{\eta}(ilmt)$ ergibt sich zu Beginn der Simulation als gleichverteilte Zufallsvariable aus der Menge der zulässigen Ausprägungen. Zu Beginn verfügen die Marktteilnehmer mithin über Erwartungsbildungsansätze auf Ba-

Szenario		$\bar{\eta}(ilmt)$
1	Regression und adaptive Erwartungen	3, 4
2	Regression und gleitende Durchschnitte	2, 4
3	Regression und naive Erwartungen, $0 < \gamma^c(ilmt) < 1$	1, 4
4	Regression und naive Erwartungen, $0 < \gamma^c(ilmt) < 2$	1, 4

Tabelle 8.2: Szenarien und zulässige Ausprägungen von $\bar{\eta}(ilmt)$

sis der Regressionsanalyse oder auf Basis der Zeitreihenanalyse mit Wahrscheinlichkeiten von 0,5.

8.2 Explodierende spekulative Blasen

Eine positive, ohne Grenzen wachsende Blase soll vorliegen, wenn der aktuelle Preis das 100-fache des Startwertes übersteigt; eine negative, ohne Grenzen wachsende Blase, falls der Preis ein 100-stel des Startwertes unterschreitet. Wie in der Ausgangssituation sind die Simulationsläufe auf 1000 Handelsperioden angelegt. Ein Simulationslauf wird vor der Periode 1000 gestoppt, falls eine ohne Grenzen wachsende Blase laut obiger Definition vorliegt.

Tabelle 8.3 gibt den Anteil der Simulationsläufe ohne bzw. mit positiven oder negativen explodierenden Blasen an der Gesamtzahl der durchgeführten Läufe an. Unter jeder Parameterkonstellation werden jeweils 100 Simulationsläufe durchgeführt.

Sowohl bei adaptiven Erwartungen als auch bei Erwartungen auf Basis gleitender Durchschnitte konnte in keinem der durchgeführten Simulationsläufe eine explodierende Blase beobachtet werden. Bei naiven Erwartungen mit der Charakteristik $0 < \gamma^c(ilmt) < 1$ waren ebenfalls alle durchgeführten Simulationsläufe stabil. Werden allerdings im Szenario 4 neben der Regression naive Erwartungen mit $0 < \gamma^c(ilmt) < 2$ zugelassen, so zeigt sich das System in einer Reihe von Simulationsläufen instabil. Die Instabilität steht im Zusammenhang mit der Suchaktivität der Marktteilnehmer. Ohne Routinenwechsel kann in zwei Prozent der durchgeführten Simulationen eine explodierende spekulative Blase beobachtet werden. Wird den Marktteilnehmern der Wechsel von Routinen ermöglicht, so sind die Simulationsläufe zu 78 Prozent stabil; werden zusätzlich Innovation und Imitation des Routinenbestandes zugelassen, können nur noch in 68 Prozent der Fälle stabile Läufe beobachtet werden.

Grafiken 8.1 bis 8.4 zeigen beispielhaft die Preisentwicklung und die Nutzung der Erwartungsbildungsansätze für Simulationsläufe aus den Szenarien mit Routinenwechsel und Suchaktivitäten. Die Regressionsanalyse dominiert in der Regel nach kurzer Zeit die Zeitreihenanalyse. Grafik 8.4 stellt einen Simulationslauf mit einer positiven explodieren Blase dar.

Das Explodieren bei naiven Erwartungen unter $0 < \gamma^c(ilmt) < 2$ soll anhand eines Beispiels erklärt werden. Das Risikoaktivum wird zu den Zeitpunkten $t_1, t_2, t_3, \ldots$ gehandelt. Der Wechsel der Routinensätze wird zugelassen. Der Preis ist von t_1 nach t_2 gestiegen. Nach Ausführung der Kauf- und Verkaufsaufträge in t_2 konnten alle Marktteilnehmer ihre optimalen Portfolios realisieren. Die aktuelle Periode ist t_3; der Preis dieser Periode ist noch unbekannt.

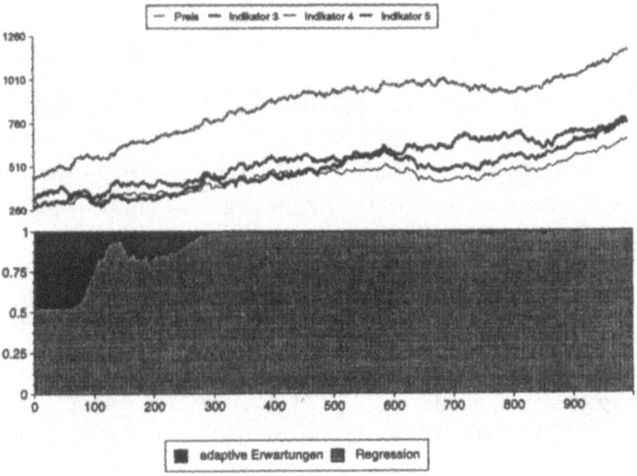

Abbildung 8.1: Adaptive Erwartungen (Szenario 1)

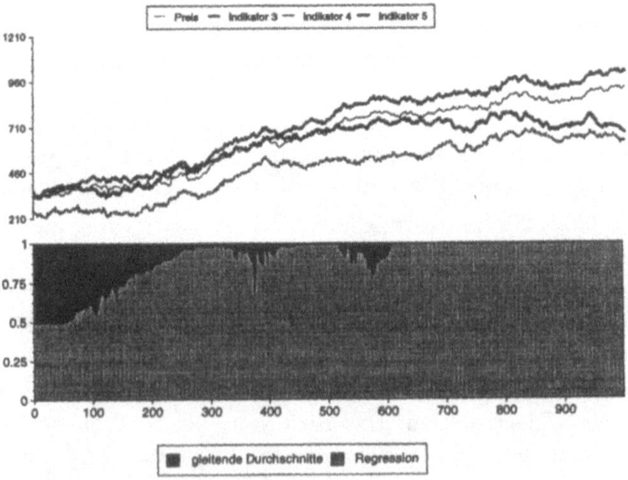

Abbildung 8.2: Gleitende Durchschnitte (Szenario 2)

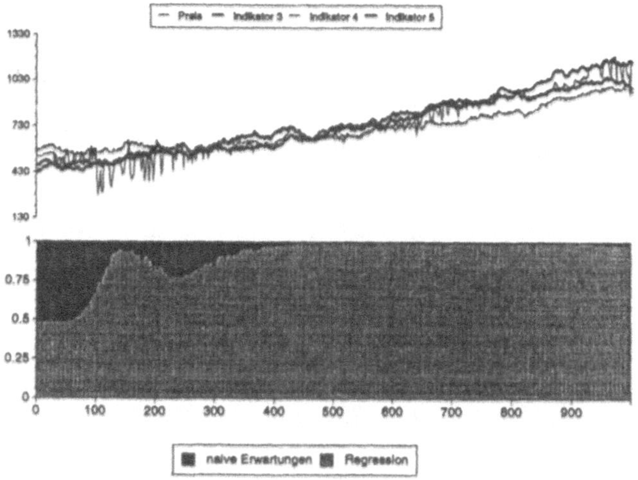

Abbildung 8.3: Naive Erwartungen (Szenario 3)

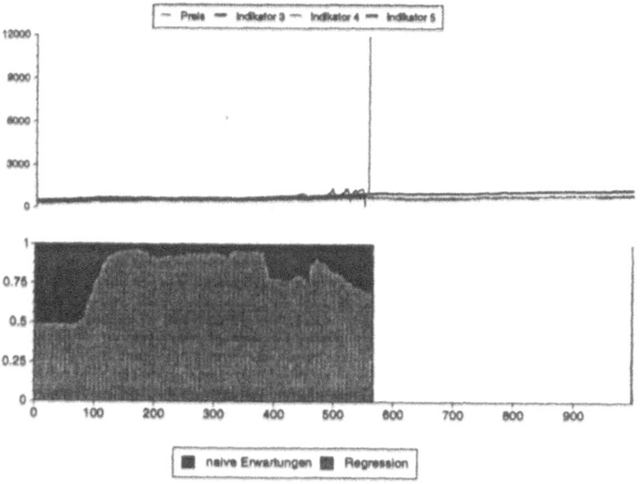

Abbildung 8.4: Szenario 4 mit einer explodierenden Blase

	Anteil der Simulationen		
	ohne exlod. Blasen	mit positiven exlod. Blasen	mit negativen exlod. Blasen
Szenario 1: Regression und adaptive Erwartungen			
ohne Routinenwechsel	100 %	0 %	0 %
mit Routinenwechsel	100 %	0 %	0 %
mit Routinenw. und Suche	100 %	0 %	0 %
Szenario 2: Regression und gleitende Durchschnitte			
ohne Routinenwechsel	100 %	0 %	0 %
mit Routinenwechsel	100 %	0 %	0 %
mit Routinenw. und Suche	100 %	0 %	0 %
Szenario 3: Regression und naive Erwartungen, $0 < \gamma^c(ilmt) < 1$			
ohne Routinenwechsel	100 %	0 %	0 %
mit Routinenwechsel	100 %	0 %	0 %
mit Routinenw. und Suche	100 %	0 %	0 %
Szenario 4: Regression und naive Erwartungen, $0 < \gamma^c(ilmt) < 2$			
ohne Routinenwechsel	98,0%	0,0%	2,0%
mit Routinenwechsel	78,0%	14,0%	8,0%
mit Routinenw. und Suche	68,0%	16,0%	16,0%

Tabelle 8.3: Modellverhalten bei alternativen Erwartungsbildungsansätzen

1. Aufgrund des zuletzt gestiegenen Preises wird von Marktteilnehmern mit naiver Erwartungsbildung für den Zeitraum von t_3 nach t_4 ebenfalls ein positiver Ertrag $r^e(it_3)$ erwartet[1]. Von Marktteilnehmern mit $\gamma^c(ilmt) > 1$ werden Erwartungen $r^e(it_3)$ gebildet, die den realsierten Ertrag übersteigen. Mit steigendem erwarteten Ertrag steigt der optimale Anteil des Risikoaktivums am Portfolio[2]. Die Marktteilnehmer erteilen Kauforders zu Limits, die den Preis $p(t_2)$ um die Höhe ihrer Ertragserwartung übersteigen[3].

2. Ist der Anteil der Marktteilnehmer mit naiven Erwartungen groß genug, wirken sich die Erwartungen dieser Gruppe unmittelbar auf die Bildung der Preise am Markt aus. Der Preis steigt von t_2 nach t_3. Ist der Anteil von Marktteilnehmern mit $\gamma^c(ilmt) > 1$ groß genug, wird sich ein Preis

[1]Zur Vereinfachung der Notation wird der Index j zur Kennzeichnung des Risikoaktivums unterdrückt.

[2]bei konstanter Risikoerwartung.

[3]Vgl. Gleichungen (6.4), (6.29) und (6.30) auf den Seiten 73 und 79 mit der Charakteristik $\mu_s(ilt) = 1$.

mit der Eigenschaft $\frac{p(t_3)}{p(t_2)} - 1 > \frac{p(t_2)}{p(t_1)} - 1$ herausbilden; der tatsächliche Ertrag ist gestiegen.

3. Da der Preis von t_2 nach t_3 gestiegen ist, werden Marktteilnehmer mit naiven Erwartungen zum Zeitpunkt t_4 einen von t_4 nach t_5 steigenden Preis erwarten. Von zwei Gruppen von Marktteilnehmern werden Kaufaufträge erteilt.
   - Marktteilnehmer mit $\gamma^c(ilmt) > 1$ erwarten einen nochmals steigenden Ertrag. Sofern der optimale Anteil des Risikoaktivums für diese Marktteilnehmer noch nicht eins beträgt, steigt dieser weiter.
   - Marktteilnehmer, deren Nachfrage in der vorherigen Periode nicht vollständig befriedigt wurde und bei denen der Anteil des Risikoaktivums noch unterhalb des optimalen Anteils liegt.
4. Unter den Annahmen des Punktes 2 steigt der Preis von t_3 nach t_4. Die in der Periode t_3 gebildete Erwartung hat sich bestätigt. Die historische Qualität der naiven Erwartungsbildung steigt. Aufgrund der steigenden historischen Qualität aktivieren weitere Marktteilnehmer Routinensätze auf Basis naiver Erwartungen[4].
5. Es werden Kaufaufträge von
   - Marktteilnehmern, deren Nachfrage in der Vorperiode noch nicht vollständig befriedigt wurde,
   - Marktteilnehmern mit $\gamma^c(ilmt) > 1$, deren optimaler Anteil in der Vorperiode noch nicht eins erreicht hat, und
   - Marktteilnehmern, die aus dem Lager der Regressionsanalyse in das Lager der Zeitreihenanalyse wechseln,

   erteilt. Die Preise steigen weiter.

Aus dem wiederholten Zusammenspiel der Punkte 4 und 5 bildet sich eine explodierende Blase heraus, wenn

- der Anteil der Marktteilnehmer mit naiven Erwartungen so groß wird, daß deren Nachfrage von den übrigen Marktteilnehmern nicht befriedigt werden kann, und
- die Preisbildung von Marktteilnehmer mit $\gamma^c(ilmt) > 1$ dominiert wird.

[4]Die Marktteilnehmer betreiben eine naive Erwartungsbildung auf der Ebene der erwarteten Qualität der Routinensätze.

Wird die Preisbildung von Marktteilnehmern mit $\gamma^c(ilmt) < 1$ dominiert, stellen sich sinkende tatsächliche Erträge und damit bei naiver Erwartungsbildung sinkende erwartete Erträge ein. Der optimale Anteil des Risikoaktivums sinkt. Die Nachfragen der Marktteilnehmer mit naiven Erwartungen können von den übrigen Marktteilnehmern befriedigt werden. Der Einfluß der Marktteilnehmer mit naiven Erwartungen auf die Preisbildung nimmt ab. Routinensätze mit naiven Erwartungen weisen keine systematisch erhöhte Qualität auf[5].

Wird kein Routinenwechsel der Marktteilnehmer zugelassen, sind die Anteile der Regressionsanalyse und der naiven Erwartungen an den aktiven Sätzen der Marktteilnehmer konstant. Weist ein Erwartungsbildungsansatz eine erhöhte historische Qualität auf, so wird er nicht verstärkt eingesetzt; die in Punkt 4 beschriebene Verstärkung der Dynamik tritt nicht ein. Die Blase bricht zusammen, wenn die Nachfragen der Marktteilnehmer mit naiven Erwartungen befriedigt sind. Auf dem Markt liegen nur noch Verkaufsaufträge von Marktteilnehmern mit Erwartungen auf Basis der Regressionsanalyse vor.

Wird keine Innovation und Imitation zugelassen, ist nicht gesichert, daß genügend Marktteilnehmer über einen naiven Erwartungsbildungsansatz mit $\gamma^c(ilmt) > 1$ verfügen. Kann die Nachfrage dieser Gruppe befriedigt werden, bricht die Blase ab.

8.3 Variation der Heterogenität

Nachfolgend soll untersucht werden, wie sich eine Variation der Heterogenität innerhalb der Population auf die Stabilität des Systems auswirkt.

Ausgehend vom Szenario 4 (Regression und naive Erwartungen) mit Routinenwechsel und Suchaktivität wird zum einen der Grad der Heterogenität durch Einführung alternativer Prognosehorizonte erhöht und zum anderen durch eine deterministische Bestimmung der Perioden zur Beurteilung der historischen Qualität vermindert.

Bisher verfügten alle Marktteilnehmer über einen Prognosehorizont $\bar{\Phi}(i)$ von eins. Im Szenario 4a werden zusätzlich die Prognosehorizonte $\bar{\Phi}(i) = 2$ und

[5] Diese Argumentation kann auch erklären, warum es im Abschnitt 7.7 bei der Einführung von Regressionen auf Basis historischer Preise zu keinen explodierenden spekulativen Blasen kommt. Werden historische Preise als Regressoren eingesetzt, schätzen die Marktteilnehmer im Modell stets Regressionskoeffizienten kleiner eins. Diese Marktteilnehmer verfügen über sinkende erwartete Erträge und damit über einen sinkenden optimalen Anteil des Risikoaktivums. Die Nachfragen dieser Marktteilnehmer können von den Marktteilnehmern mit anderen Erwartungsbildungsansätzen befriedigt werden. Die Erwartungsbildungsansätze auf Basis historischer Preise weisen keine erhöhte Qualität auf, und der Anteil der Nutzer geht zurück.

$\bar{\Phi}(i) = 3$ zugelassen[6]. In der Ausgangssituation und damit im Szenario 4 ergibt sich die Anzahl der Beobachtungen zur Beurteilung der historischen Qualität $\bar{\Psi}_l(i)$ als eine normalverteilte Zufallsvariable mit der Standardabweichung $\sigma_\Psi = 20$. Zur Absenkung der Heterogenität wird im Szenario 4b die Standardabweichung auf null gesetzt.

	Anteil der Simulationen			Explosion in Periode
	ohne Blase	mit positiver Blase	mit negativer Blase	
Szenario 4a (hohe Heterogenität)	89,0%	4,0%	7,0%	454,8
Szenario 4	68,0%	16,0%	16,0%	363,25
Szenario 4b (niedrige Heterogenität)	58,0%	18,0%	24,0%	322,8

Tabelle 8.4: Modellverhalten bei Variation der Heterogenität

Tabelle 8.4 zeigt die Stabilität des Modells bei der beschriebenen Variation der Heterogenität. Die Spalte *Explosion in Periode* gibt die durchschnittliche Periode an, in der eine ohne Grenzen wachsende Blase beobachtet wurde. Im Szenario 4a sind die Simulationsläufe zu 89 Prozent stabil. Wird die Heterogenität vermindert (Szenario 4b), sinkt der Anteil der stabilen Läufe auf 58 Prozent ab. Die Periode des Eintritts der spekulativen Blasen senkt sich von Szenario 4a über 4 auf 4b ab.

Grafik 8.5 zeigt einen Simulationslauf aus dem Szenario 4a. Im Simulationslauf entwickelt sich keine explodierende spekulative Blase. Im Vergleich zur Ausgangssituation liegt allerdings ein gänzlich anderes Verhalten der Preise vor. Ohne in der Lage zu sein, Fehlbewertungen anhand der Differenz von Preis und Fundamentalwert zu diagnostizieren, scheint es zum Auftreten *temporärer* spekulativer Blasen in der Preisentwicklung zu kommen[7].

Bei Marktteilnehmern mit unterschiedlichen Prognosehorizonten fließen in die Messung der historischen Qualität tatsächliche und erwartete Erträge mit unterschiedlichen Zeitbezügen ein. Erwartungsbildungsansätze, bei denen eine erhöhte Qualität unter einem bestimmten Prognosehorizont gemessen wird,

[6] Der Prognosehorizont ergibt sich im Szenario 4a als gleichverteilte Zufallsvariable aus der Menge $\{1, 2, 3\}$.

[7] Vgl. Abbildung 7.2 auf Seite 102.

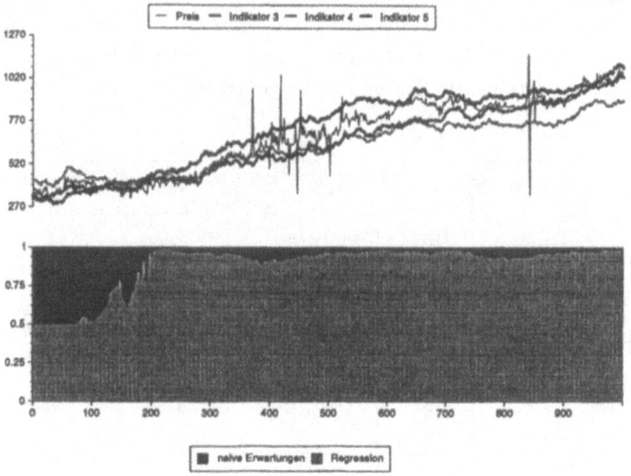

Abbildung 8.5: Hohe Heterogenität der Population (Szenario 4a)

können unter anderen Prognosehorizonten niedrigere Qualitäten aufweisen. Im Szenario 4a wird der in Punkt 4 beschriebene Anstieg der historischen Qualität der naiven Erwartungsbildung nicht notwendigerweise von allen Marktteilnehmern gemessen. Der verstärkte Einsatz der naiven Erwartungen bleibt auf Marktteilnehmer mit bestimmten Horizonten beschränkt. Die Nachfrage dieser Marktteilnehmer kann eher als im Szenario 4 befriedigt werden.

Im Szenario 4b wird von allen Marktteilnehmern die historische Qualität der Erwartungsbildungsansätze anhand der gleichen Anzahl der historischen Beobachtungen beurteilt. Identischen Erwartungsbildungsansätzen werden von allen Marktteilnehmern die gleichen historischen und erwarteten Qualitäten zugewiesen. Von allen Marktteilnehmern, die über Routinensätze mit naiven Erwartungen verfügen, wird eine erhöhte Qualität dieser Ansätze gleichzeitig gemessen. Existiert eine Heterogenität in den Werten von $\bar{\Psi}_l(i)$ (Szenario 4), ist keinesfalls gesichert, daß eine erhöhte Qualität der naiven Erwartungen von allen Marktteilnehmern gemessen wird. Von Marktteilnehmern mit sehr hohem $\bar{\Psi}_l(i)$ wird unter Umständen eine erhöhte Qualität der naiven Erwartungen nie oder erst zu einem Zeitpunkt festgestellt, zu dem Marktteilnehmer mit niedrigem $\bar{\Psi}_l(i)$ diesen Ansätzen wieder eine geringere Qualität zuweisen. Im Vergleich zum Szenario 4 kann die Gruppe der Marktteilnehmer, die im Szenario 4b gleichzeitig naive Erwartungen einsetzt, größer sein. Die Nachfrage dieser Gruppe kann mit einer geringeren Wahrscheinlichkeit befriedigt werden.

8.4 Zusammenfassung

Wird neben der Regressionsanalyse eine naive Erwartungsbildung mit systematisch die historischen Erträge überschreitenden erwarteten Erträgen zugelassen, so können explodierende spekulative Blasen beobachtet werden. Die Häufigkeit der explodierenden Blasen steigt mit zunehmender Suchaktivität der Marktteilnehmer.

Im Modell von Arthur et al. (1997) sind nur temporäre spekulative Blasen zu beobachten. In Coche (1998) treten explodierende und temporäre spekulative Blasen auf. Die Häufigkeit des Auftretens der Blasen steigt mit sinkender Höhe der Zins- und Dividendenzahlungen. Bei der Existenz von Zins- und Dividendenzahlungen steht *ex post* mit dem Fundamentalwert ein eindeutiges Maß zur Evaluierung des Verhaltens der Marktteilnehmer zur Verfügung. Im dynamischen Modell mit rationalen Erwartungen von Lucas (1978) kann es ausschließlich zu explodierenden Blasen kommen; temporäre spekulative Blasen sind ausgeschlossen. Da auf real existierenden Märkten auch in Abwesenheit von Zins- und Dividendenzahlungen keine explodierenden Blasen zu verzeichnen sind, stellt sich die Frage der Plausibilität von Modellierungen, die eine Instabilität der Preisentwicklung implizieren.

Für das evolutorische Kapitalmarktmodell zeigt Abschnitt 8.3 einen Ausweg aus dieser Problematik. Durch eine Erhöhung der Heterogenität in Form alternativer Prognosehorizonte kann das Auftreten explodierender Blasen deutlich zurückgeführt werden. Die Existenz temporärer spekulativer Blasen scheint aber auch bei hoher Heterogenität der Population gegeben zu sein.

Kapitel 9

Prognose des amerikanischen Rentenmarktes

Dieses Kapitel soll die Möglichkeit skizzieren, das entworfene evolutorische Kapitalmarktmodell als ein System zur Prognose von Preisveränderungen an Kapitalmärkten einzusetzen. Diese Anwendung soll beispielhaft anhand des amerikanischen Kapitalmarkts dargestellt werden.

Neoklassische Modellierungen schließen systematische Vorhersagen der Preisveränderungen aus. Alle bewertungsrelevanten Informationen werden von den Individuen effizient in Erwartungen transformiert und schlagen sich vollständig in den Preisen der aktuellen Periode nieder. Preisveränderungen resultieren aus der Verfügbarkeit neuer Informationen. Das Eintreffen neuer Informationen ist rein zufällig und nicht vorhersagbar (Fama 1971, S. 383).

Im evolutorischen Kapitalmarktmodell konnten Ineffizienzen beobachtet werden, wenn einige Marktteilnehmer aufgrund geringer Intensität der Suchaktivtäten nicht die aktuellsten Informationen verwenden (Kapitel 7) oder wenn sich bei hoher Intensität der Suchaktivtät und naiver Erwartungsbildung spekulative Blasen am Markt herausbilden (Kapitel 8). In beiden Fällen werden Erwartungen auf Basis historischer, veralteter Information gebildet. Unter Annahme dieser Art der Ineffizienzen im betrachteten Marktsegment, könnten sich Prognosemöglichkeiten ergeben, wenn unter Einsatz der aktuellsten Informationen das Verhalten der Marktteilnehmer in der kommenden Periode simuliert wird.

Das Modell beschreibt das Verhalten der Marktteilnehmer bei der Revision ihrer Ansätze zur Erwartungsbildung und Allokationsentscheidung. Es wurde die Annahme getroffen, daß die Marktteilnehmer in Abhängigkeit von der erwarteten Qualität zwischen bekannten Ansätzen wechseln und durch Innovation und

Imitaion neue Ansätze generieren bzw. Ansätze von erfolgreichen Mitbewerbern übernehmen. Das evolutorische Modell könnte eine weitere Möglichkeit zur Prognose eröffnen, wenn diese Verhaltensrevisionen antizipiert und deren Auswirkungen auf die Bildung der Preise am Markt abgeschätzt werden kann.

Der in diesem Kapitel zu entwickelnde Ansatz ist lediglich als ein erster Entwurf zur Konstruktion eines Prognosesystems zu verstehen. Es sollen möglichliche Prinzipien zur Modellierung vorgestellt werden; ein normativer Anspuch, im Sinne einer Empfehlung zum Einsatz dieses Systems zur Erwartungsbildung, wird nicht erhoben. Eine notwendige Erweiterung des Ansatzes müßte zwingend eine sorgfältige Bestimmung der von den Marktteilnehmern eingesetzten Informationsquellen und Erwartungsbildungsansätze vornehmen. Sämtliche Modellparameter wären entweder auf Basis empirischer Erhebungen zu bestimmen oder anhand geeigneter Verfahren und einer ausreichenden Datenmenge zu kalibrieren. Darüber hinaus wäre eine Überprüfung der Effizienz dieses Ansatzes im Vergleich zu einem alternaiven Prognoseverfahren, beispielsweise einem Regressionsansatz erforderlich[1].

In dem zu dem zu entwickelnden Ansatz werden die Preis-Indizes für amerikanische Staatsanleihen mit zwei-, fünf- und zehnjähriger Laufzeit als Prognosegegenstände ausgewählt. Der Prognosehorizont des Modells beträgt einen Monat[2]. Die Marktteilnehmer entscheiden über die Aufteilung ihres Vermögens auf ein risikoloses Aktivum ($j = 1$) und auf Rentenpapiere mit zwei-, fünf- und zehnjähriger ($j = 2, 3, 4$) Laufzeit. Die auf den Kassamärkten ermittelten Preise stellen die Prognosen für die empirischen Preise dar. Die Prognoseleistung des Modells wird für zwei unterschiedliche Methoden zur Messung der historischen Qualität durch die Marktteilnehmer dargestellt. Zum einen setzen die Marktteilnehmer ausschließlich Trefferquoten ein, zum anderen wird die historische Qualität anhand der Korrelation überprüft. Die Qualitätsmaße werden im Vergleich zu einer naiven Prognose betrachtet. Die zur Verfügung stehenden Daten werden in einen Zeitraum zur Bestimmung der Modellparameter und in einen Zeitraum zur Validierung des Modells unterteilt.

Die den Marktteilnehmern im Modell zur Verfügung stehenden Informations-

[1] Ziel dieses Kapitels ist es weiterhin nicht, Aussagen über die Effizienz des betrachteten Marktsegmentes zu liefern. Analog zu Fama (1991, S. 1576) würde die Möglichkeit zur systematischen Vorhersage der Preisveränderungen auf eine ineffiziente Preisbildung in dem betrachteten Marktsegment hinweisen. Die Problematik einer solchen Interpretation der vorliegenden Arbeit liegt einerseits in der relativ geringen Anzahl der zur Verfügung stehenden Beobachtungen und andererseits in der Frage, ob die im Model eingesetzten Informationsquellen ausschließliche Informationen enthalten, die in der Realität allen Marktteilnehmern zur Verfügung stehen (Öffentlich zugängliche Information). Aus diesem Grunde wird im folgenden auf ein Rückschluß auf die Effizienz des amerikanischen Rentenmarktes verzichtet.

[2] In diesem Abschnitt entspricht die Zeiteinheit einem Monat.

quellen werden in Abschnitt 9.1 vorgestellt. Abschnitt 9.2 definiert statistische und ökonomische Qualitätsmaße zur Überprüfung der Prognosequalität. Im Abschnitt 9.3 wird ein Teil der Modellparameter anhand empirischer Daten im Trainingszeitraum kalibriert. Die Qualität des Modells wird für den Trainingszeitraum im Abschnitt 9.4 und für den Prognosezeitraum im Abschnitt 9.5 dargestellt. Die Nutzung der Erwartungsbildungsansätze und Informationsquellen ist Inhalt des Abschnitts 9.6.

9.1 Informationsquellen

Zur Erwartungsbildung bezüglich der Preisveränderungen der betrachteten Anleihen werden den Marktteilnehmern historische Preise, Gewinnschätzungen, Umfrageergebnisse, erwartete Wachstumsraten des Sozialprodukts und des Preisniveaus sowie Wechselkurse und Geldmengenzahlen zur Verfügung gestellt. Tabelle 9.1 zeigt die Informationsquellen im Überblick.

Als empirische Preise für die betrachteten Aktiva werden Preis-Indizes von Datastream International Limited, London, UK, herangezogen. Die Preis-Indizes werden auf Basis einer repräsentativen Staatsanleihe berechnet. Die jeweilige Anleihe weist eine Restlaufzeit auf, die die Laufzeit der betrachteten Asset-Klasse (2, 5, 10 Jahre) um nicht mehr als ein halbes Jahr unterschreitet und um nicht mehr als einen Monat überschreitet.

Die Informationsquelle Gewinnschätzungen bezieht sich auf Konsensus-Erwartungen für die aggregierten Gewinne von Unternehmen, die im amerikanischen Aktien-Index S&P 500 vertreten sind. Die Schätzungen werden durch Befragungen amerikanischer Aktien-Analysten von I/B/E/S Inc., New York, USA, ermittelt.

Mit dem PM-Index haben die Marktteilnehmer einen Zugriff auf die Ergebnisse einer Umfrage zur Einschätzung der konjunkturellen Situation. Der Index wird auf Basis einer Befragung unter amerikanischen Einkaufsmanagern ermittelt. Die Daten werden von der National Association of Purchasing Management, Chicago, USA, erhoben.

Die erwartete Wachstumsrate des Sozialproduktes und die Inflationserwartungen entstammen einem Konjunkturmodell der DG-Bank. Der Prognosehorizont beträgt für die erwartete Wachstumsrate des Sozialprodukts sechs Monate und für die erwartete Inflationsrate vier Monate. Das Konjunkturmodell basiert auf veröffentlichten Geldmengen, Wechselkursen und Schätzungen der Unternehmensgewinne[3].

[3]Vgl. Anhang C für die tabellierten Werte des Konjunkturmodells.

s	Indikator	Datastream-Kürzel	
2	Preis-Index für 2 jährige Anleihen	BMUS02Y	A[a]
3	Preis-Index für 5 jährige Anleihen	BMUS05Y	A
4	Preis-Index für 10 jährige Anleihen	BMUS10Y	A
5	Gewinnschätzungen	@:USSP500(A12FE)	WR[b]
6	PM-Index	USPMCHBB	WR
7	erwartetes Sozialprodukt		WR
8	erwartetes Preisniveau		WR
9	DM/Dollar	DMARKER (˜U$)	WR
10	Geldmenge M2	USM2....B	WR

Tabelle 9.1: Indikatoren

[a] Absolutwert.
[b] Wachstumsrate gegenüber Vorjahreswert.

Als weitere Indikatoren stehen den Marktteilnehmern der Wechselkurs DM/Dollar und die Geldmenge M2 zur Verfügung.

Mit Ausnahme des Konjunkturmodells werden alle Daten über Datastream bezogen. Die Preis-Indizes werden als Absolutwerte und die übrigen Indikatoren als Wachstumsraten gegenüber dem Vormonat aufgezeichnet. Die Daten liegen in monatlicher Frequenz als Monats-Endwerte für den Zeitraum vom Januar 1988 bis zum Januar 1998 vor.

9.2 Maße zur Beurteilung der Prognosequalität

Zur Beurteilung der Prognosequalität des Ansatzes werden die unter Einsatz des Modells simulierten Preise p_{sim} mit den empirischen Preisen p_{emp} verglichen. Mit Trefferquoten und Korrelationskoeffizienten werden dabei die gleichen statistischen Kriterien, die die Marktteilnehmer zur Messung der historischen Qualität einsetzen, auch zur Beurteilung der Prognosequalität des Modells herangezogen. Ein zusätzliches Qualitätsmaß sind die quadratischen Abweichungen zwischen den vom Modell prognostizierten und den empirischen Werten. Die Qualitätsmaße werden auf die Veränderungen $\dot{p}_{sim}$ und $\dot{p}_{emp}$ der Preis-Indizes angewandt.

$$\dot{p}_{sim}(jt) = p_{sim}(jt) - p_{sim}(j, t-1) \tag{9.1}$$

$$\dot{p}_{emp}(jt) = p_{emp}(jt) - p_{emp}(j, t-1) \tag{9.2}$$

Treffer $tr(jt)$ werden durch den Vergleich der im Modell ermittelten Veränderungen $\dot{p}_{sim}(jt)$ mit den empirischen Veränderungen $\dot{p}_{emp}(jt)$ ermittelt.

$$tr(jt) = \begin{cases} 1 & \text{falls} \quad \dot{p}_{sim}(jt) \geq 0 \wedge \dot{p}_{emp}(jt) \geq 0 \\ 1 & \text{falls} \quad \dot{p}_{sim}(jt) < 0 \wedge \dot{p}_{emp}(jt) < 0 \\ 0 & \text{sonst} \end{cases} \tag{9.3}$$

Die Trefferquoten $tq(j)$ ergeben sich als Anteil der Treffer an der Gesamtzahl der Beobachtungen. Die Menge **HT** enthält alle Handelszeitpunkte des Bezugszeitraums.

$$tq(j) = \frac{\sum_{t_n \in \mathbf{HT}} tr(jt_n)}{\sum_{t_n \in \mathbf{HT}} 1} \tag{9.4}$$

Als zweites Maß wird der Korrelationskoeffizient $k(j)$ zwischen den im Modell ermittelten Preisen und den empirischen Preisen bestimmt. Im Unterschied zum Qualitätsmaß der Marktteilnehmer erfolgt keine Normierung des Koeffizienten.

$$k(j) = \frac{\sum_{t_n \in \mathbf{HT}} [\dot{p}_{sim}(jt_n) - \bar{p}_{sim}] [\dot{p}_{emp}(st_n) - \bar{p}_{emp}]}{\sqrt{\left(\sum_{t_n \in \mathbf{HT}} [\dot{p}_{sim}(jt_n) - \bar{p}_{sim}]^2\right) \left(\sum_{t_n \in \mathbf{HT}} [\dot{p}_{emp}(st_n) - \bar{p}_{emp}]^2\right)}} \tag{9.5}$$

$$\bar{p}_{sim} = \frac{1}{\sum_{t_n \in \mathbf{HT}} 1} \sum_{t_n \in \mathbf{HT}} \dot{p}_{sim}(jt_n) \tag{9.6}$$

$$\bar{p}_{emp} = \frac{1}{\sum_{t_n \in \mathbf{HT}} 1} \sum_{t_n \in \mathbf{HT}} \dot{p}_{emp}(jt_n) \tag{9.7}$$

Ein weiteres statistisches Qualitätsmaß ist die mittlere quadratische Abweichung zwischen den tatsächlichen und prognostizierten Veränderungen.

$$s(j) = \frac{\sum_{t_n \in \mathbf{HT}} (\dot{p}_{sim}(jt_n) - \dot{p}_{emp}(jt_n))^2}{\sum_{t_n \in \mathbf{HT}} 1} \tag{9.8}$$

Die Qualitätsmaße $tq(j)$, $k(j)$ und $s(j)$ für die Prognose des Modells sollen im Vergleich zu den Qualitätsmaßen $tq_{naiv}(j)$, $k_{naiv}(j)$ und $s_{naiv}(j)$ einer naiven Prognose betrachtet werden. Bei der naiven Prognose entspricht die erwartete Veränderung der zuletzt beobachteten Veränderung des Preis-Index.

Neben den statistischen Kriterien sollen ökonomische Kriterien betrachtet werden, die den Erfolg von Anlage-Strategien auf Basis der Prognosen widerspiegeln. Die Strategie $V(jt)$ investiert bei einer positiven Prognose in den Preis-Index $p_{emp}(j,t)$; bei einer negativen Prognose wird der Bestand unverzinslich gehalten. $V^*(jt)$ investiert bei einer positiven Prognose in den Performance-Index[4] der jeweiligen Laufzeit; bei einer negativen Prognose wird der Bestand entsprechend des Monatsgeldes $T(t)$[5] verzinst. Die Strategien starten mit den Werten $V(j,0) = 100$ und $V^*(j,0) = 100$

$$V(jt) = V(j,t-1) \begin{cases} \frac{p_{emp}(jt)}{p_{emp}(j,t-1)} & \text{falls} \quad \dot{p}_{sim}(jt) \geq 0 \\ 1 & \text{falls} \quad \dot{p}_{sim}(jt) < 0 \end{cases} \tag{9.9}$$

$$V^*(jt) = V^*(j,t-1) \begin{cases} \frac{p^*_{emp}(jt)}{p^*_{emp}(j,t-1)} & \text{falls} \quad \dot{p}_{sim}(jt) \geq 0 \\ \left(1 + \frac{T(t)}{1200}\right) & \text{falls} \quad \dot{p}_{sim}(jt) < 0 \end{cases} \tag{9.10}$$

Die ökonomischen Kriterien werden im Vergleich zu der naiven Prognose und einer Buy-And-Hold-Strategie betrachtet. Bei der Buy-And-Hold-Strategie werden zu Beginn des Prognosezeitraums 100 Dollar in den Preis- bzw. Performance-Index investiert und unverändert gehalten.

9.3 Bestimmung der Modellparameter

Die Struktur und die Parameter des Modells sollen so bestimmt werden, daß in einem Trainigszeitraum eine möglichst hohe Prognosequalität erreicht wird. Als Qualitätsmaßstab wird die Trefferquote für zweijährige Anleihen eingesetzt.

Die Modellparameter sollen anhand der empirischen Daten aus dem Trainingszeitraum kalibriert werden. Dieses Verfahren kann allerdings aufgrund des mit den Simulationen verbundenen hohen Rechenaufwands und der begrenzten Anzahl von Beobachtungen im Traingszeitraum nur für einen geringen Teil der

[4] Die Performance-Indizes stellen den Gesamtertrag, d.h. die Kursveränderungen und die Zinserlöse aus der Anlage in den jeweiligen Laufzeiten dar. $p^*_{emp}(jt)$ symbolisiert den Wert des Performance-Index für das Aktivum j zum Zeitpunkt t. Die Performance-Indizes werden ebenfalls über Datastream International Limited, London, UK, bezogen.

[5] Satz für Euro-Dollar, ein Monat, London, Datastream-Kürzel: FREDD1M.

Parameter mit einer stark begrenzten Anzahl von Ausprägungen angewandt werden. Die übrigen Parameter werden *ad hoc* festgelegt.

Tabellen 9.2 und 9.3 zeigen die exogen vorgegebenen Modellparameter. Die Parameter zur Beurteilung der historischen Qualität und zur Steuerung des Innovations- und Imitationsverhaltens aus Tabelle 9.4 werden kalibriert.

Parameter	Wertebereich
Anzahl der Marktteilnehmer I	500
Anzahl der Routinensätze L	30
Anzahl der Aktiva J	4
Anzahl der Informationsquellen S	10

Tabelle 9.2: Parameter der Simulation

Im Unterschied zu der Ausgangssituation aus Abschnitt 7.1 sind die Marktteilnehmer mit 30 alternativen Routinensätzen ausgestattet. Die Erwartungen können auf Basis der Regressionsanalyse und der Zeitreihenanalyse gebildet werden. Regressionsgleichungen können bis zu drei Regressoren enthalten. Als Regressoren können Indikatoren mit den Indizes $s \in \{5, \ldots, 10\}$ gewählt werden. Die Anzahl der Beobachtungen zur Schätzung der Regressionsgleichung ergibt sich aus dem Intervall $[30, \ldots, 50]$. Zusätzlich zur Maximierung des Erwartungsnutzens kann die Verhaltensweise *Marketmaker* zur Allokationsentscheidung eingesetzt werden. Die Anzahl der Perioden zur Beurteilung der historischen Qualität ergibt sich als normalverteilte, auf die nächste Ganzzahl abgerundete Zufallsvariable mit einer Standardabweichung von $\sigma_\Psi = 5$. Mit Ausnahme von Ω_b^{in} und Ω_b^{im} werden die Parameter des Suchprozesses analog zu Abschnitt 7.5 spezifiziert. Zur Bestimmung der Modellparameter wird angenommen, daß die Marktteilnehmer mit $\bar{\Psi}_m(i) = 1$ ausschließlich Trefferquoten als historisches Qualitätsmaß einsetzen.

Es liegen Ausprägungen der Indikatoren für den Zeitraum vom Januar 1988 bis zum Januar 1998 vor. Dieser Zeitraum wird in einen Zeitraum zur Bestimmung der Modellparameter (Trainingszeitraum) und in einen Zeitraum zur Beurteilung der Prognoseleistung des Modells (Prognosezeitraum) unterteilt. Der Trainingszeitraum umfaßt die Daten vom Januar 1988 bis Dezember 1992. In die Beurteilung der Prognosequalität fließen Daten aus dem Zeitraum vom Januar 1993 bis Januar 1998 ein.

Der Erwartungswert von $\bar{\Psi}_l(i)$ und die Parameter Ω_b^{in} und Ω_b^{im} werden anhand der Trefferquoten $tq(1)$ für das Aktivum $j = 2$ (zweijährige Anleihen) in dem Trainingszeitraum gewählt. Jeder der Parameter aus Tabelle 9.4 kann vier

Parameter	Wertebereich
Horizont $\bar{\Phi}(i)$	1
Erwartungsbildung	
Verfahren $\bar{\eta}(ilmt)$	1,2,3,4
naive Erwartungen $\gamma^c(ilmt)$	$-1,\ldots,1$
gleitende Durchschnitte $\bar{\alpha}^c(ilmt)$	$2,\ldots,10$
adaptive Erwartungen $\beta^c(ilmt)$	$0,\ldots,1$
Anzahl der Regressoren $\bar{\delta}^{reg}(ilmt)$	1,2,3
Indikatorindex des Regressors $\bar{\pi}_1^{reg}(ilmt)$	5,6,...,10
Lag des Regressors $\bar{\varpi}_1^{reg}(ilmt)$	0,1,2
Anzahl der Beobachtungen zur Schätzung der Regressionsgleichung $\bar{\alpha}^{reg}(ilmt)$	30,...,50
Ertragserwartung $r_\circ^e$ $\mu_s(ilt)$	1
Anzahl der Beobachtungen zur Bestimmung der Risikoerwartungen $\bar{\alpha}^{ri}(ilt)$	50
Allokationsentscheidung	
Verfahren $\bar{\theta}(ilt)$	1,2
Einfluß der Standardabweichung $\alpha^{mm}(ilt)$	$0,5,\ldots,1,5$
Einfluß des Investitionsgrades $\beta^{mm}(ilt)$	$0,05,\ldots,0,3$
Anteil Aktivum $j=1$ $\gamma^{mm}(ilt)$	$0,05,\ldots,0,3$
Anteil Aktivum $j>1$ $\delta^{mm}(ilt)$	$0,05,\ldots,0,3$
Risikoaversion $\Lambda(i)$	$\mu_\Lambda = 0,5$, $\sigma_\Lambda = 0,25$
Berechnung der historischen Qualität	
Verfahren $\bar{\Psi}_m(i)$	1
Anzahl der Perioden $\bar{\Psi}_l(i)$	$\sigma_\Psi = 5$
Berechnung der erwarteten Qualität $\bar{\Psi}_v(i)$	1
Suchprozeß	
Innovation	$\Omega_a^{in} = 1$, $\Omega_c^{in} = 0,1$
Imitation aktiv	$\Omega_a^{im} = 1$ $\Omega_c^{im} = 0,1$
Imitation passiv	$\Omega_d = 2$
Anfangsausstattung	
risikoloses Aktivum $X(i,j=1,t=0)$	1
zweijährige Anleihen $X(i,j=2,t=0)$	1
fünfjährige Anleihen $X(i,j=3,t=0)$	1
zehnjährige Anleihen $X(i,j=4,t=0)$	1

Tabelle 9.3: Parameter und Charakteristika der Marktteilnehmer

Parameter	Wertebereich
Suchprozeß	
Innovation	$\Omega_b^{in} = 0,10; 0,15; 0,20; 0,25$
Imitation aktiv	$\Omega_b^{im} = 0,10; 0,15; 0,20; 0,25$
Berechnung der historischen Qualität	
Anzahl der Perioden $\bar{\Psi}_l(i)$	$\mu_\Psi = 15; 20; 25; 30$

Tabelle 9.4: Zu kalibrierende Parameter

Ausprägungen annehmen. Durch Kombination der Ausprägungen ergeben sich 64 alternative Parameterkonstellationen. Unter jeder Parameterkonstellation werden zehn Simulationsläufe durchgeführt.

Da einerseits nur eine geringe Anzahl von Beobachtungen im Trainingszeitraum vorhanden sind, andererseits aber die vorherigen Kapitel gezeigt haben, daß das Lernen der Marktteilnehmer eine relativ hohe Anzahl von Perioden erfordert, werden den Marktteilnehmern die gleichen Daten wiederholt zur Verfügung gestellt. Jeder Simulationslauf besteht mithin aus fünf Wiederholungen der Trainingsdaten. Die Wiederholungen der Trainingsdaten sollen im folgenden als Zyklen bezeichnet werden.

Die durchschnittlichen[6] Trefferquoten in dem Zyklus fünf unter den alternativen Parameterkonstellationen stellt Abbildung 9.1 dar. Die minimale Trefferquote beträgt 68.3%. Bei der Konstellationen $\Omega_b^{in} = 0,15$, $\Omega_b^{im} = 0,15$ und $\mu_\Psi = 15$ kann mit 79,2% die höchste Trefferquote erzielt werden. Diese Konstellation ist Grundlage für die Untersuchung des Lernverhaltens im Traingszeitraum im Abschnitt 9.4 und der Überprüfung der Vorhersagen des Modells im Prognosezeitraum im Abschnitt 9.5.

9.4 Ergebnisse im Trainingszeitraum

Zur Darstellung des Lernverhaltens der Marktteilnehmer im Trainingszeitraum soll die Prognosequalität in den fünf Zyklen anhand der statistischen Kriterien dargestellt werden.

Unter den zuvor bestimmten Modellparametern werden zwei alternative Szenarien betrachtet. Die Marktteilnehmer setzen entweder Trefferquoten ($\bar{\Psi}_m(i) = 1 \forall i$) oder Korrelationskoeffizienten ($\bar{\Psi}_m(i) = 2 \forall i$) zur Messung der historischen Qualität ihrer Erwartungsbildungsansätze ein (Qualitätsmaße auf der Mikro-Ebene).

[6]Durchschnitt über die zehn Simulationsläufe einer Parameterkonstellation.

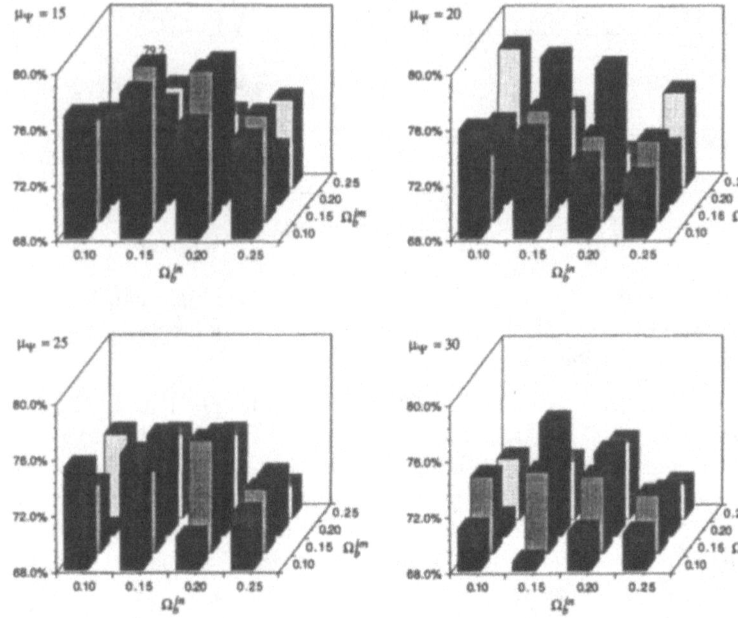

Abbildung 9.1: Trefferquoten im Trainingszeitraum unter alternativen Parameterkonstellationen für den Preis-Index der zweijährigen Anleihen

Tabellen 9.5 und 9.6 stellen die Trefferquoten und Korrelationskoeffizienten unter den beiden Szenarien für die mit Hilfe des Modells bestimmten Marktpreise dar (Qualitätsmaße auf der Makro-Ebene). Tabelle 9.5 enthält zudem die statistischen Kriterien einer naiven Prognose. Zur Berechnung der Qualitätsmaße werden unter beiden Szenarien jeweils 100 Simulationsläufe durchgeführt.

Die Qualitätsmaße verbessern sich in der Regel mit zunehmender Anzahl der Zyklen. Im Zyklus fünf weisen die Prognosen unter beiden Szenarien, gemessen an den statistischen Kriterien, eine bessere Qualität auf als die naive Prognose. Generell werden unter $\bar{\Psi}_m(i) = 1$ die höchsten Trefferquoten und unter $\bar{\Psi}_m(i) = 2$ die höchsten Korrelationskoeffizienten erzielt.

Abbildung 9.2 zeigt den Verlauf der prognostizierten und tatsächlichen Veränderung des Preis-Index der zweijährigen Anleihen im Testzeitraum beispielhaft für einen typischen Simulationslauf. In den Zyklen eins bis drei weisen die prognostizierten Veränderungen einen starken Trendfolge-Charakter auf. Die Vorzeichen der prognostizierten Veränderungen entsprechen häufig

	Trefferquote			Korrelation		
	2 Jahre	5 Jahre	10 Jahre	2 Jahre	5 Jahre	10 Jahre
Zyklus 1	58,2%	54.2%	47.5%	0.147	0.168	0.128
Zyklus 2	70,2%	61.7%	61.7%	0.311	0.267	0.207
Zyklus 3	73,2%	71.3%	68.7%	0.215	0.301	0.222
Zyklus 4	78,7%	75.3%	76.2%	0.337	0.398	0.372
Zyklus 5	79,3%	74.0%	76.0%	0.444	0.350	0.386
naive Prognose	66,7%	63.3%	53.3%	0.227	0.178	0.034

Tabelle 9.5: Trefferquoten und Korrelationen bei $\bar{\Psi}_m(i) = 1$

	Trefferquote			Korrelation		
	2 Jahre	5 Jahre	10 Jahre	2 Jahre	5 Jahre	10 Jahre
Zyklus 1	59,3%	54,4%	46,1%	0.153	0.176	0.189
Zyklus 2	70,8%	59,1%	60,2%	0.323	0.255	0.232
Zyklus 3	71,3%	70,7%	69,5%	0.381	0.384	0.276
Zyklus 4	72,1%	69,6%	72,3%	0.452	0.431	0.291
Zyklus 5	75,3%	72,1%	72,4%	0.495	0.435	0.422

Tabelle 9.6: Trefferquoten und Korrelationen bei $\bar{\Psi}_m(i) = 2$

den Vorzeichen der zuletzt realisierten Veränderungen des empirischen Preis-Index. In den Zyklen vier und fünf baut sich die Trendfolge-Eigenschaft der Prognosen teilweise ab.

Die Trendfolge-Eigenschaft der Prognosen kann dadurch erklärt werden, daß die Marktteilnehmer zunächst vor allem Erwartungsbildungsansätze auf Basis der Zeitreihenanalyse, wie die naive Erwartungsbildung, einsetzen. Durch die Wiederholung der Indikatoren des Testzeitraums entdecken die Marktteilnehmer mittels Innovation und Imitation Ansätze, die die empirischen Preisveränderungen zunehmend besser beschreiben. Der Anteil der Marktteilnehmer mit Regressionsanalysen als aktive Routinensätze steigt, und der Trendfolge-Charakter geht zurück[7].

[7]Eine Darstellung der von den Marktteilnehmern genutzten Erwartungsbildungsansätze und Informationsquellen erfolgt im Abschnitt 9.6.

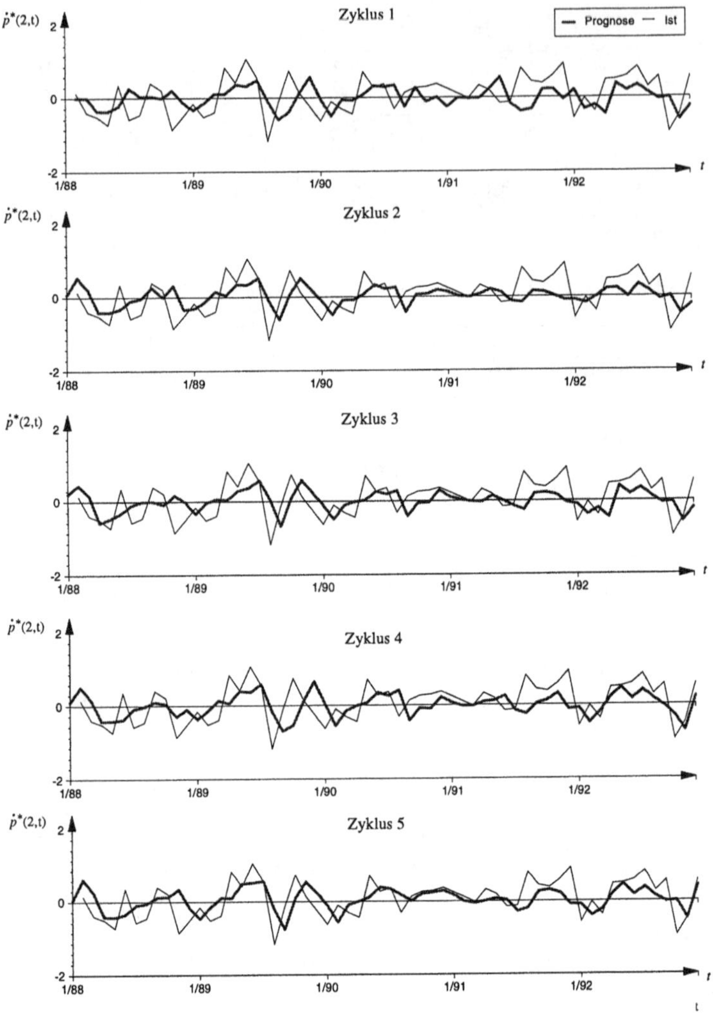

Abbildung 9.2: Prognostizierte und tatsächliche Veränderung des Preis-Index für zweijährige Anleihen im Testzeitraum

	2 Jahre	5 Jahre	10 Jahre
Trefferquote			
Modell mit $\bar{\Psi}_m(i) = 1$	72,1% (2,6)[a]	68,8% (1,5)	71,1% (2,0)
Modell mit $\bar{\Psi}_m(i) = 2$	70,2% (2,8)	67,0% (1,3)	70,5% (2,7)
naive Prognose	60,7%	57,4%	63,9%
Korrelation			
Modell mit $\bar{\Psi}_m(i) = 1$	0,341 (0,016)	0,285 (0,014)	0,297 (0,018)
Modell mit $\bar{\Psi}_m(i) = 2$	0,385 (0,017)	0,365 (0,014)	0,343 (0,020)
naive Prognose	0,301	0,315	0,272
Mittlerer quadratischer Fehler			
Modell mit $\bar{\Psi}_m(i) = 1$	0,242 (0.004)	1,865 (0,050)	4,780 (0,124)
Modell mit $\bar{\Psi}_m(i) = 2$	0,217 (0.004)	1,761 (0,051)	4,012 (0,117)
naive Prognose	0,358	2,435	6,838

Tabelle 9.7: Statistische Kriterien im Prognosezeitraum

[a] In Klammern jeweils die Standardabweichung der Qualitätsmaße bei 100 Simulationsläufen.

9.5 Ergebnisse im Prognosezeitraum

Die Validität der für den Trainingszeitraum bestimmten Modellstruktur wird mit Hilfe der Daten des Prognosezeitraums überprüft.

Die Simulationsläufe starten mit der in Abschnitt 9.3 bestimmten Parameterkonstellation zum Zeitpunkt $t = 1/88$. Der Testzeitraum wird wiederum in fünf Zyklen durchlaufen. Der Prognosezeitraum von $t = 1/93$ bis $t = 1/98$ wird einmal verarbeitet. Den dargestellten Ergebnissen liegen unter den Szenarien $\bar{\Psi}_m(i) = 1$ und $\bar{\Psi}_m(i) = 2$ jeweils 100 Simulationsläufe zugrunde.

Die statistischen Kriterien für $\bar{\Psi}_m(i) = 1$ und $\bar{\Psi}_m(i) = 2$ enthält Tabelle 9.7. Die besten Ergebnisse werden für die zweijährigen Anleihen erzielt. Unter $\bar{\Psi}_m(i) = 1$ ergibt sich die höchste Trefferquote und unter $\bar{\Psi}_m(i) = 2$ die größte Korrelation zwischen den prognostizierten und empirischen Preisveränderungen. Die naive Prognose kann in der Regel von den Modell-Prognosen geschlagen werden. Lediglich bei $\bar{\Psi}_m(i) = 1$ erzielt die naive Prognose für die fünfjährigen Anleihen einen höheren Korrelationskoeffizienten.

Abbildung 9.3 stellt die prognostizierten und empirischen Veränderungen der Preis-Indizes für zwei-, fünf- und zehnjährige Anleihen bei $\bar{\Psi}_m(i) = 1$ dar. Die prognostizierten Werte beziehen sich auf einen typischen Simulationslauf. Die Verläufe zeigen nur teilweise Trendfolge-Eigenschaften auf.

Tabelle 9.8 zeigt den Erfolg der in Abschnitt 9.2 beschriebenen Handelsstrate-

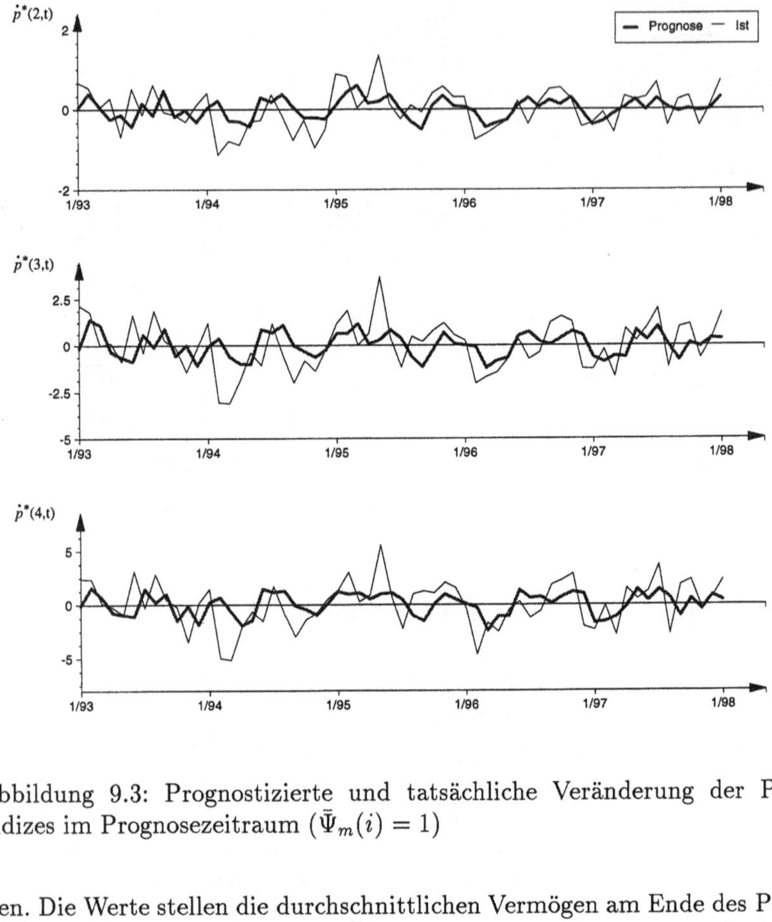

Abbildung 9.3: Prognostizierte und tatsächliche Veränderung der Preis-Indizes im Prognosezeitraum ($\bar{\Psi}_m(i) = 1$)

gien. Die Werte stellen die durchschnittlichen Vermögen am Ende des Prognosezeitraums dar. Das Modell mit $\bar{\Psi}_m(i) = 1$ weist sowohl bei der Investition in den Preis-Index als auch in den Performance-Index für alle Laufzeiten einen höheren Vermögenszuwachs auf als die Strategien auf Basis der naiven Prognose und die Buy-And-Hold-Strategie.

Die naive Prognose kann das Modell mit $\bar{\Psi}_m(i) = 2$ bei den zehnjährigen Anleihen in beiden Handelsstrategien schlagen. Die Strategien auf Basis des Modells sind aber immer noch besser als eine Buy-And-Hold-Strategie. Für die anderen Laufzeiten erzielt das Modell wieder die besten Anlageergebnisse. Der Vermögenszuwachs ist aber für alle Laufzeiten geringer als im Modell mit $\bar{\Psi}_m(i) = 1$.

Die schlechtere Leistung des Modells mit $\bar{\Psi}_m(i) = 2$ bei den statistischen und

	2 Jahre	5 Jahre	10 Jahre
Investition in den Preis-Index			
Modell mit $\bar{\Psi}_m(i) = 1$	106.99 (0.481)[a]	113.76 (0.685)	127.21 (3.067)
Modell mit $\Psi_m(i) = 2$	104.39 (0.351)	108.07 (0.765)	120.10 (3.671)
naive Prognose	103.64	107.66	121.60
Buy-And-Hold	100.32	100.47	102.60
Investition in den Performance-Index			
Modell mit $\Psi_m(i) = 1$	139.41 (0.652)	149.35 (0,916)	169.01 (3.997)
Modell mit $\Psi_m(i) = 2$	135.85 (0.352)	142.13 (0,987)	149.99 (4.180)
naive Prognose	134.33	140.64	160.55
Buy-And-Hold	132.22	136.05	141.06

Tabelle 9.8: Ökonomische Kriterien im Prognosezeitraum

[a]In Klammern jeweils die Standardabweichung der End-Vermögen bei 100 Simulationsläufen.

ökonomischen Kriterien kann zum einen darauf zurückgeführt werden, daß bei der Bestimmung der Modellparameter lediglich Trefferquoten berücksichtigt wurden. Als eine weitere Ursache für den geringeren Vermögenszuwachs der Strategien kommt in Betracht, daß hohe Trefferquoten für den Erfolg von Handelsstrategien wichtiger sind als hohe Korrelationen zwischen den prognostizierten und tatsächlichen Werten.

Abbildung 9.4 zeigt den Quotienten zwischen der Handelsstrategie des Modells mit $\bar{\Psi}_m(i) = 1$ und der Buy-And-Hold-Strategie für den Preis- und den Performance-Index der zweijährigen Anleihen beispielhaft für einen Simulationslauf. In beiden Fällen erfolgt der Anstieg der Quotienten kontinuierlich. Der erhöhte Vermögenszuwachs der Handelsstrategien geht nicht auf ein singuläres Ereignis zurück. Ähnliche Ergebnisse werden unter dieser Parameterkonstellation ($\bar{\Psi}_m(i) = 1$) für die fünf- und zehnjährigen Anleihen erzielt. Unter $\bar{\Psi}_m(i) = 2$ erfolgt der Anstieg weniger steil und kontinuierlich.

9.6 Erwartungsbildungsansätze und Informationsquellen

Zur näheren Untersuchung des Lernverhaltens der Marktteilnehmer soll die Nutzung der Erwartungsbildungsansätze und Informationsquellen im Test- und Prognosezeitraum betrachtet werden.

Tabelle 9.9 zeigt die durchschnittliche Nutzung der Erwartungsbildungsansätze

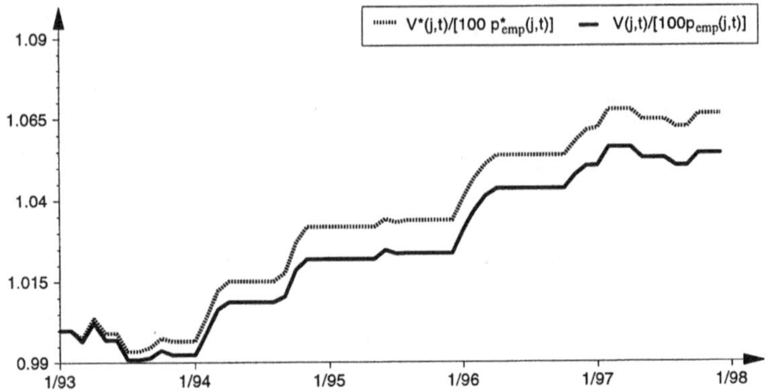

Abbildung 9.4: Entwicklung der Handelsstrategien für den Preis- und den Performance-Index der zweijährigen Anleihen relativ zur Buy-And-Hold-Strategie exemplarisch für einen Simulationslauf bei $\bar{\Psi}_m(i) = 1$

der aktiven Routinensätze und Tabelle 9.10 die Nutzung der Informationsquellen in der Regressionsanalyse. Die Darstellungen beziehen sich auf die zweijährigen Anleihen mit $\bar{\Psi}_m(i) = 1$ als Qualitätsmaß der Marktteilnehmer.

Entsprechend Tabelle 9.9 wird von den Marktteilnehmern die Regressionsanalyse am häufigsten als aktiver Routinensatz eingesetzt. Im Trainingszeitraum steigt die Nutzung der Regressionsanalyse bis Zyklus vier an und geht in Zyklus fünf nur leicht zurück. Weiterhin haben zu Beginn der Simulation naive Erwartungen ein hohes Gewicht, die Nutzung dieser Ansätze geht aber bis zum Zyklus fünf stark zurück. Die Marktteilnehmer verfügen nicht schon zu Beginn der Simulation über geeignete Regressions-Ansätze. Die Suche der Marktteilnehmer nach erfolgreichen Regressions-Ansätzen erfordert Zeit. Erst in Zyklus fünf steigen die Nutzung der Regressionsanalyse und die Qualitätsmaße[8] nicht weiter an. Im Prognosezeitraum geht der Einsatz der Regressionsanalyse zurück, während die Nutzung der naiven und adaptiven Erwartungsbildung ansteigt. Es scheint, daß nicht sämtliche Regressions-Ansätze, die im Zyklus fünf eingesetzt wurden, auch im Prognosezeitraum die Veränderung der Preis-Indizes erfolgreich erklären. Durch das wiederholte Nutzen der Daten aus dem Trainingszeitraum haben die Marktteilnehmer zum Teil Ansätze gefunden, die die Preisveränderungen in diesem Zeitraum gut erklären, darüber hinaus aber keine Gültigkeit haben. Die Marktteilnehmer setzen wieder verstärkt Ansätze auf Basis der Zeitreihenanalyse ein.

Tabelle 9.10 zeigt die Nutzung der Informationsquellen. Die Werte sind Durch-

[8] Vgl. Abschnitt 9.4.

Ansatz	Zyklus1	Zyklus2	Zyklus3	Zyklus4	Zyklus5	Prognose
naive Erwartungen	30.4 %	28.1 %	25.5 %	10.3 %	8.8 %	14.1 %
gl. Durchschnitte	21.2 %	11.2 %	2.7 %	11.9 %	13.2 %	10.3 %
adap. Erwartungen	18.0 %	20.1 %	15.7 %	12.0 %	13.7 %	20.8 %
Regressionsanalyse	30.4 %	40.6 %	56.1 %	65.8 %	64.3 %	54.9 %

Tabelle 9.9: Durchschnittliche Nutzung der Erwartungsbildungsansätze bei $\bar{\Psi}_m(i) = 1$ und zweijährigen Anleihen

s	Indikator	Lag 2	Lag 1	Lag 0	Summe
4	Gewinnschätzungen	0.6%	1.2%	3.5%	5.4%
5	PM-Index	2.0%	2.9%	8.0%	12.9%
6	erwartete Wachstumsrate des BSP	5.6%	7.3%	9.2%	21.1%
7	erwartete Inflationsrate	3.0%	4.8%	9.6%	17.5%
8	DM/Dollar	5.2%	3.9%	7.8%	16.9%
9	Geldmenge M2	4.4%	10.2%	11.7%	26.3%
	Summe	19.8%	30.4%	49.8%	100.0%

Tabelle 9.10: Durchschnittliche Nutzung der Informationsquellen in der Regressionsanalyse bei $\bar{\Psi}_m(i) = 1$ und zweijährigen Anleihen

schnitte über alle Simulationsläufe und alle Zyklen des Test- und Prognosezeitraums. Bei der Darstellung der Nutzung der Informationsquellen werden alle Regressoren der aktiven Erwartungsbildungsansätze auf Basis der Regressionsanalyse berücksichtigt. Informationen mit dem Lag null haben das größte Gewicht. Die Geldmenge wird am häufigsten und die I/B/E/S-Gewinnschätzungen am seltensten als Regressoren in den aktiven Sätzen verwandt. Das geringe Gewicht der Gewinnschätzungen kann dadurch begründet sein, daß diese Zeitreihe gleichzeitig eine Erklärungsgröße im DG-Bank-Konjunkturmodell ist. Die Daten aus dem Konjunkturmodell werden überdurchschnittlich häufig eingesetzt.

Exemplarisch für einen Simulationslauf zeigt Abbildung 9.5 die Nutzung der Erwartungsbildungsansätze und der Informationsquellen in der Regressionsanalyse. Typisch für die Anzahl von $L = 30$ Routinensätzen ist der schnelle Wechsel in den Erwartungsbildungsansätzen und den Informationsquellen[9]. Es bildet sich keine Konvention in der Erwartungsbildung heraus. Auch in Zyklus vier und fünf des Trainingszeitraums sowie im Prognosezeitraum nutzen die Marktteilonehmer die Ansätze auf Basis der Zeitreihenanalyse temporär verstärkt.

[9]Vgl Abschnitt 7.3.

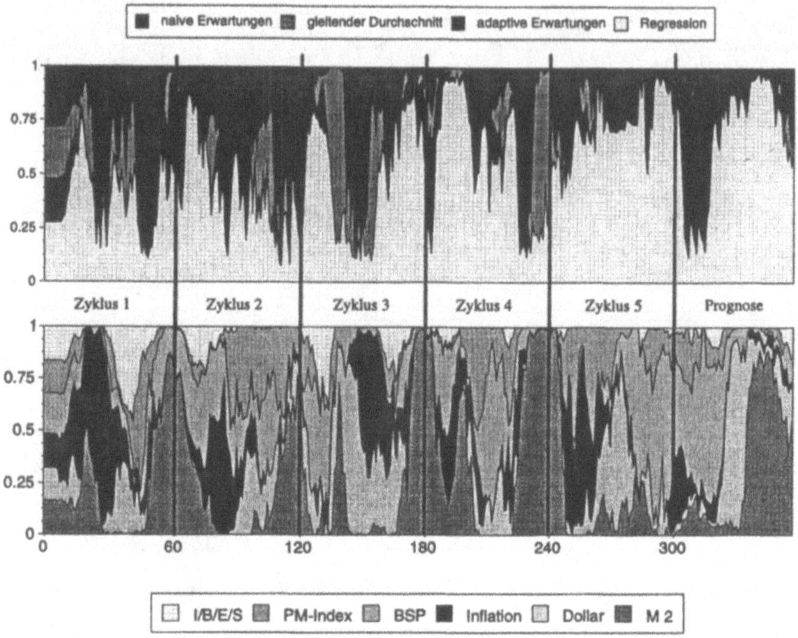

Abbildung 9.5: Nutzung der Erwartungsbildungsansätze und der Informationsquellen in der Regressionsanalyse exemplarisch für einen Simulationslauf bei $\bar{\Psi}_m(i) = 1$ und zweijährigen Anleihen

9.7 Zusammenfassung und Ausblick

In diesem Kapitel wurde die Möglichkeit skizziert, das evolutorische Kapitalmarktmodell als ein System zur Prognose des amerikanischen Rentenmarkts einzusetzen. Trotz gravierender Einschränkungen bei der Bestimmung der Modellstruktur und Parameter konnten Vorhersagen generiert werden, die einer naiven Prognose, gemessen an statistischen Kriterien, deutlich überlegen sind. Handelsstrategien auf Basis der Modell-Prognosen können im Vergleich zu einer Strategie auf Basis einer naiven Prognose und im Vergleich zu einer Buy-And-Hold-Strategie Überrenditen erzielen.

Aufgrund des hohen Rechenaufwands der Simulationen und der geringen Anzahl von Beobachtungen im Traingszeitraum konnten nur wenige Parameter mit einer stark begrenzten Anzahl von Ausprägungen kalibriert werden. Mit einer Reduktion der Simulationszeiten wäre der Einsatz von heuristischen Verfahren, wie beispielsweise Genetische Algorithmen oder Evolutionsstrategien, zur Bestimmung der Modellparameter denkbar. Gleichzeitig sollte zur Verbessung der Datenbasis die Frequenz der Daten erhöht werden. Zu diesem Zweck wäre der Einsatz von Tages-Daten oder Intra-Tages-Daten denkbar. Darüber hinaus sollte eine Erweiterung des Ansatzes eine empirisch gestütze Auswahl der von Marktteilnehmern zu nutzenden Informationsquellen umfassen.

Auf Basis dieser Erweiterung wäre zur Beurteilung des Prognose-Ansatzes ein Vergleich der Qualität dieses Ansatzes mit der Qualität alternativer Ansätze, beispielsweise einer Regressionsanalyse erforderlich.

Kapitel 10

Schlußbemerkungen

Im ersten Teil der Arbeit wurde die Motivation zur Entwicklung eines evolutorischen Modells aus der Darstellung bestehender Kapitalmarkttheorien abgeleitet. Das Konzept der rationalen Erwartungen zur Modellierung des Verhaltens von Teilnehmern an Kapitalmärkten wurde aufgrund der hohen Anforderungen an die Rationalität der Individuen als problematisch eingestuft. Empirisch beobachtbare Preise und Handelsvolumina stehen im Widerspruch zu den Implikationen dieser Modelle. Modellierungen aus dem Bereich der Behavioral Finance wurden abgelehnt, weil Marktteilnehmer auch *ex post* nicht in der Lage sind, systematische Fehler in ihrem Erwartungsbildungs- und Allokationsverhalten zu erkennen. Sie halten dauerhaft an fehlspezifizierten Ansätzen fest.

Im zweiten Teil der Arbeit wurde ein evolutorisches Kapitalmarktmodell entworfen. In dem Modell stehen Marktteilnehmer in einer losen Analogie zum Konzept der Organisation von Nelson und Winter (1982). Das Verhalten zur Erwartungsbildung und Allokationsentscheidung wird mit Hilfe von Routinen abgebildet. Jeder Marktteilnehmer verfügt über eine Anzahl alternativer Routinen, von denen die mit der höchsten erwarteten Qualität aktiviert werden. Durch Innovation und Imitation werden neue Verhaltensweisen generiert. Auf Basis der Erwartungsbildung und Allokationsentscheidung treffen die Marktteilnehmer Kauf- und Verkaufsaufträge. Die Aufträge werden gesammelt, um auf Kassamärkten markträumende Gleichgewichtspreise zu ermitteln.

Implikation des Konzepts der rationalen Erwartungen ist die Effizienz der Märkte. Preise spiegeln stets sämtliche den Marktteilnehmern zur Verfügung stehenden Informationen wider. Im Rahmen dieser Arbeit ist zentraler Untersuchungsgegenstand die Frage, ob sich Kapitalmarkteffizienz ebenfalls unter dem entworfenen evolutorischen Modell einstellt. Darüber hinaus wird das evolutorische Modell zur Prognose des amerikanischen Rentenmarktes eingesetzt.

Im Kapitel 7 führen Verhaltensrevisionen in Form von Routinenwechsel, Innovation und Imitation zu einer Verbesserung der Effizienz des Marktes. Die Marktteilnehmer setzen stets innerhalb kurzer Zeit die aktuellsten Informationen zur Erwartungsbildung ein. Historische Preise werden weniger häufig als originäre Informationen eingesetzt. Eine vollständige Effizienz kann allerdings, auch bei hoher Anzahl der Routinensätze, nicht erreicht werden. Von Zeit zu Zeit fällt der Anteil der Nutzer der aktuellsten Informationen vorübergehend drastisch ab. Eine Konvention in der Erwartungsbildung im Sinne einer dauerhaften Dominanz eines Ansatzes bildet sich nicht heraus. Risikobereitere Marktteilnehmer und Marktteilnehmer, die zur Berechnung der erwarteten Qualität der Routinensätze die historische Qualität in der jüngeren Vergangenheit stärker gewichten, erzielen im Vergleich zu den übrigen Marktteilnehmern einen relativen Vermögenszuwachs. Mit einer Intensivierung der Verhaltensrevisionen baut sich der relative Vermögenszuwachs dieser Gruppen ab. Eine Maximierung des Erwartungsnutzens setzt sich in der Allokationsentscheidung stets gegen suboptimale Verhaltensweisen durch.

Im Kapitel 8 führen die Verhaltensrevisionen zur Entstehung von spekulativen Blasen und damit zu einer Verminderung der Effizienz des Marktes. Explodierende Blasen treten auf, sobald sich durch Routinenwechsel und Suchaktivitäten Erwartungsbildungsansätze mit systematisch die historischen Erträge überschreitenden erwarteten Erträgen in der Population verbreiten. Durch eine Erhöhung der Heterogenität in der Population kann das Auftreten von explodierenden Blasen zurückgeführt werden. Die Existenz temporärer spekulativer Blasen scheint aber auch bei hoher Heterogenität der Population gegeben zu sein.

Die Komplexität des entworfenen Kapitalmarktmodells schließt eine analytische Lösung aus. Zur Generierung von Ergebnissen ist ein Rückgriff auf die Methode Simulation erforderlich. Aufgrund des hohen Rechenaufwandes ist es nicht möglich, den gesamten Parameterraum zu untersuchen. Konstellationen werden willkürlich ausgewählt, um die Effekte einer Variation *einzelner* Parameter aufzuzeigen.

Zur Untersuchung isolierter Fragestellungen werden die Komplexität des Modells und die Anzahl der Parameter deutlich reduziert. Zunächst wird ausschließlich die Regressionsanalyse als Ansatz zur Erwartungsbildung zugelassen, und alle Marktteilnehmer weisen einen Prognosehorizont von einer Periode auf. Zur Untersuchung der Nutzung von Informationsquellen in der Erwartungsbildung wird im Rahmen der Allokationsentscheidung eine Maximierung des Erwartungsnutzens unterstellt; die Freiheitsgrade in der Modellierung und die Anzahl der zu spezifizierenden Parameter vermindern sich[1].

[1] Eine Diskussion der Vor- und Nachteile der Methode Simulation erfolgt beispielsweise

Die Parameter werden in den Kapiteln 7 und 8 *ad hoc* bestimmt. Untersuchungsgegenstand ist hier nicht, ob an tatsächlichen Märkten eine effiziente Preisbildung erfolgt, sondern ob Kapitalmarkteffizienz als Implikation des evolutorsichen Kapitalmarktmodells abzuleiten ist. Insbesondere wird unter alternativen Parameterkonstellationen der Beitrag der Suchaktivitäten der Marktteilnehmer zur Effizienz der Märkte betrachtet. Ob die gewählten Parameterkonstellationen in der Emperie zu finden sind, wird nicht untersucht; auf einen Rückschluß auf die Effizienz tatsächlicher Märkte muß verzichtet werden.

Die Möglichkeit das evolutorische Kapitalmarktmodell zur Prognose des amerikanischen Rentenmarktes einzusetzen, wurde im Kapitel 9 skizziert. Es kann nur ein kleiner Teil der Parameter zur Steuerung des Innovations- und Imitationsverhalten anhand empirischer Daten kalibriert werden. Die übrigen Parameter werden exogen gesetzt. Trotz dieser Einschränkung können Vorhersagen generiert werden, die einer naiven Prognose, gemessen an statistischen Kriterien, deutlich überlegen sind. Handelsstrategien auf Basis der Modell-Prognosen können im Vergleich zu einer Strategie auf Basis einer naiven Prognose und im Vergleich zu einer Buy-And-Hold-Strategie Überrenditen erzielen.

Entsprechend Friedman (1953, S. 8) steht der Wert einer Theorie in Abhängigkeit von ihrer Fähigkeit, das Verhalten der Individuen oder das Marktergebnis zu prognostizieren. Zwar kann kein „Beweis" für die Gültigkeit der Modellstruktur und Parameter erbracht werden; es kann aber insofern eine „Bestätigung" erfolgen, daß der empirische Befund eine Ablehnung nicht zuläßt. Die Möglichkeit der systematischen Prognose in dem gewählten Marktsegment und Zeitausschnitt, gemessen an statistischen und ökonomischen Kriterien kann so der Validierung des evolutorischen Modells dienen.

Trotz der aufgezeigten Prognosemöglichkeiten kann der Ansatz nur als ein erster Schritt zur Entwicklung eines tragfähigen Prognosemodells gewertet werden. Eine notwendige Erweiterung sollte eine stärkere empirische Fundierung aufweisen. Auf Basis von Erhebungen könnten beispielsweise die Ausstattungen der Marktteilnehmer oder die Verfügbarkeit einzelner Informationsquellen bestimmt werden. Eine Kalibrirung eines größeren Teils der Modellparameter würde eine deutliche Reduktion der Simulationszeiten und eine Verbreiterung der Datenbasis voraussetzen. Notwendig wäre weiterhin eine Überprüfung der Effizienz des Ansatzes; etwa durch einen Vergleich zu einem Prognosemodell auf Basis der Regressionsanalyse.

---

bei Nelson und Winter (1977) sowie Aigner und Goldfield (1973).

Teil III

Anhänge

Anhang A

Variablen des evolutorischen Kapitalmarktmodells

Indizes

t	Zeitindex
$i = 1, \ldots, I$	Index der Marktteilnehmer
$j = 1, \ldots, J$	Index der Aktiva
$l = 1 \ldots, L$	Index der Routinensätze
l^*_{imt}	Index des aktiven Routinensatzes
$m = 0, \ldots, J$	Index der Aufgaben
$n = 1, \ldots, N$	Index der Routinen
$s = 1, \ldots, S$	Index der Informationsquellen

Variablen

$g^i(\ldots)$, $\ddot{g}^i(\ldots)$	Risikoprämie der *Marketmaker* (tatsächlich, virtuell)
$g^v(\ldots)$, $\ddot{g}^v(\ldots)$	Investitionsprämie der *Marketmaker* (tatsächlich, virtuell)
$I(\ldots)$	Informationsquellen

$k_k(\ldots)$, $k_l(\ldots)$	Korrelationskoeffizient (kurze und lange Frist)
$L^k(\ldots)$, $\ddot{L}^k(\ldots)$	Kauflimits (tatsächlich, vom Routinensatz vorgeschlagen)
$L^v(\ldots)$, $\ddot{L}^v(\ldots)$	Verkauflimits (tatsächlich, vom Routinensatz vorgeschlagen)
$p(\ldots)$	Preis
$pr^{in}(\ldots)$	Innovationswahrscheinlichkeit
$pr_a^{im}(\ldots)$,$pr_p^{im}(\ldots)$	Imitationswahrscheinlichkeit (aktiv, passiv)
$q(\ldots)$, $q_u(\ldots)$, $q^e(\ldots)$, $\dot{q}^e(\ldots)$	Qualität der Routinensätze (historisch, nicht adjustiert, erwartet, relativ)
$q_{ind}(\ldots)$	Qualitätsindex zur Messung der Beiträge der Aufgaben $m = 1, \ldots, J$
$r(\ldots)$, $r^e(\ldots)$, $\ddot{r}^e(\ldots)$	Ertrag (historisch, erwartet, vom Routinensatz vorgeschlagen)
$r_0^e(\ldots)$	bis zur aktuellen Periode erwarteter Ertrag
$r_{pf}(\ldots)$, $r_{pf}^e(\ldots)$, $\tilde{r}_{pf}(\ldots)$	Ertrag des Portfolios (historisch, erwartet, durchschnittlich historisch)
$R(\ldots)$	Routinen
$tr(\ldots)$	Treffer: erwarteter und tatsächlicher Ertrag haben gleiches Vorzeichen
$tq_k(\ldots)$, $tq_l(\ldots)$	Trefferquote (kurze und lange Frist)
$U(\ldots)$	Nutzen der Marktteilnehmer
$v(\ldots)$, $v^e(\ldots)$, $\ddot{v}^e(\ldots)$	Risiko (historisch, erwartet, vom Routinensatz vorgeschlagen)
$v_{pf}(\ldots)$, $v_{pf}^e(\ldots)$, $\tilde{v}_{pf}(\ldots)$	Risiko des Portfolios (historisch, erwartet, durchschnittlich historisch)
$x(\ldots)$, $\ddot{x}(\ldots)$	Anteil der Aktiva am Portfolio (tatsächlich, vom Routinensatz vorgeschlagen)
$x^r(\ldots)$	relativer Investitionsgrad der *Marketmaker*

x^{bench}	Anteil der Aktiva in der Benchmark
$X(\ldots)$, $\ddot{X}(\ldots)$	Aktivabestand (tatsächlich, virtuell)
$X^v(\ldots)$, $\ddot{X}^v(\ldots)$	Angebotsmengen (tatsächlich, vom Routinensatz vorgeschlagen)
$X^k(\ldots)$, $\ddot{X}^v(\ldots)$	Nachfragemengen (tatsächlich, vom Routinensatz vorgeschlagen)
$W(\ldots)$, $\ddot{W}(\ldots)$	Vermögen (tatsächlich, virtuell)

Charakteristika

$\bar{\eta}(\ldots)$	Verfahren zur Bildung von Ertragserwartungen
$\bar{\theta}(\ldots)$	Verfahren zur Allokationsentscheidung
$\mu_s(\ldots)$	Ableitung der Ertragserwartung bis zur aktuellen Periode
$\gamma^c(\ldots)$	Parameter der naiven Erwartungsbildung
$\bar{\alpha}^c(\ldots)$	Parameter der Erwartungsbildung auf Basis gleitender Durchschnitte
$\beta^c(\ldots)$	Parameter der adaptiven Erwartungsbildung
$\bar{\delta}^{reg}(\ldots)$, $\bar{\pi}_n^{reg}(\ldots)$, $\bar{\varpi}_n^{reg}(\ldots)$	Parameter der Regressionsanalyse
$\bar{\alpha}^{ri}(\ldots)$	Parameter zur Risikomessung
$\alpha^{mm}(\ldots)$, $\beta^{mm}(\ldots)$, $\gamma^{mm}(\ldots)$, $\delta^{mm}(\ldots)$	Parameter der *Marketmaker*

Exogene

$\Re$	exogene Indikatoren
$\bar{\Phi}(i)$	Horizont des Marktteilnehmers

$\boldsymbol{\Omega}$	Parameter zur Bestimmung des Innovations- und Imitationsverhaltens
Δ	Anteil der informierten Marktteilnehmer
$\boldsymbol{\Upsilon}(\ldots)$	Gewichte zur Bestimmung der operationalen Charakteristika
$\Lambda(i)$	Risikoaversion der Marktteilnehmer
$\boldsymbol{\Psi}$	Parameter zur Messung der Qualität

Anhang B

Charakteristika, Gewichte und Routinen

Tabellen B.1 bis B.3 spezifizieren die Gewichte Υ_{mn} und die zulässigen Routineintervalle $\left[\bar{\Omega}_{mn}^{\mathrm{min}}, \bar{\Omega}_{mn}^{\mathrm{max}}\right]$ zur Berechnug der Charakteristika. Die Indizes m und n beziehen sich auf die Aufgaben und die Routinen.

Charakteristika	$\Omega_{mn}^{\min}, \Omega_{mn}^{\max}$	Υ_{mn}	Wertebereich
7 Ausgangssituation			
Verfahren zur Bildung der Ertragserwartungen $\bar{\eta}(ilmt)$	$\bar{\Omega}_{2,0}^{\min} = 4$, $\bar{\Omega}_{2,0}^{\max} = 4$	$\Upsilon_{2,0}^{\eta} = 1$	4
Anzahl der Regressoren $\delta^{reg}(ilmt)$	$\Omega_{2,1}^{\min} = 1$, $\Omega_{2,1}^{\max} = 1$	$\Upsilon_{2,1}^{\delta^{reg}} = 1$	1
Indikatorindex des Regressors $\bar{\pi}_1^{reg}(ilmt)$	$\bar{\Omega}_{2,2}^{\min} = 3$, $\bar{\Omega}_{2,2}^{\max} = 5$	$\Upsilon_{2,2}^{\pi^{reg}} = 1$	3,4,5
Lag des Regressors $\bar{\varpi}_1^{reg}(ilmt)$	$\Omega_{2,3}^{\min} = 0$, $\Omega_{2,3}^{\max} = 2$	$\Upsilon_{2,3}^{\varpi^{reg}} = 1$	0,1,2
Anzahl der Beobachtungen zur Schätzung der Regressionsgleichung $\bar{\alpha}^{reg}(ilmt)$	$\bar{\Omega}_{2,4}^{\min} = 50$, $\bar{\Omega}_{2,4}^{\max} = 50$	$\Upsilon_{2,4}^{\alpha^{reg}} = 1$	50
Bestimmung der Ertragserwartung $r_{\circ}^{e}$ $\mu_s(ilt)$	$\Omega_{0,1}^{\min} = 1$, $\Omega_{0,1}^{\max} = 1$	$\Upsilon_{0,1}^{\mu_s} = 1$	1
Anzahl der Beobachtungen zur Bestimmung der Risikoerwartungen $\bar{\alpha}^{ri}(ilt)$	$\bar{\Omega}_{0,2}^{\min} = 50$, $\bar{\Omega}_{0,2}^{\max} = 50$	$\Upsilon_{0,2}^{\alpha^{ri}} = 1$	50
Verfahren zur Allokationsentscheidung $\theta(ilt)$	$\Omega_{0,3}^{\min} = 1$, $\Omega_{0,3}^{\max} = 1$	$\Upsilon_{0,3}^{\theta} = 1$	1
7.7 Historische Preise in der Regressionsgleichung			
Indikatorindex des Regressors $\bar{\pi}_1^{reg}(ilmt)$	$\Omega_{2,2}^{\min} = 2$, $\bar{\Omega}_{2,2}^{\max} = 5$	$\Upsilon_{2,2}^{\pi^{reg}} = 1$	2,...,5
7.8 Optimierendes Verhalten versus Market-Maker			
Verfahren zur Allokationsentscheidung $\theta(ilt)$	$\Omega_{0,3}^{\min} = 1$, $\Omega_{0,3}^{\max} = 2$	$\Upsilon_{0,3}^{\theta} = 1$	1,2
Einfluß der Standardabweichung $\alpha^{mm}(ilt)$	$\bar{\Omega}_{0,4}^{\min} = 10.666$, $\Omega_{0,4}^{\max} = 32.000$	$\Upsilon_{0,4}^{\theta} = 0,000046875$	$0,5,\ldots,1,5$
Einfluß des Investitionsgrades $\beta^{mm}(ilt)$	$\Omega_{0,5}^{\min} = 5.333$, $\Omega_{0,5}^{\max} = 32.000$	$\Upsilon_{0,5}^{\theta} = 0,000009375$	$0,05,\ldots,0,3$
Anteil Aktivum $j = 0$ $\gamma^{mm}(ilt)$	$\Omega_{0,6}^{\min} = 5.333$, $\Omega_{0,6}^{\max} = 32.000$	$\Upsilon_{0,6}^{\theta} = 0,000009375$	$0,05,\ldots,0,3$
Anteil Aktivum $j = 1$ $\delta^{mm}(ilt)$	$\bar{\Omega}_{0,7}^{\min} = 5.333$, $\Omega_{0,7}^{\max} = 32.000$	$\Upsilon_{0,7}^{\theta} = 0,000009375$	$0,05,\ldots,0,3$

Tabelle B.1: Charakteristika, Gewichte und Routinen im Kapitel 7

Charakteristika	$\Omega_{mn}^{\min}, \Omega_{mn}^{\max}$	Υ_{mn}	Wertebereich
8 Spekulative Blasen			
Verfahren zur Bildung der Ertragserwartungen $\bar{\eta}(ilmt)$	$\bar{\Omega}_{2,0}^{\min} = 1$, $\bar{\Omega}_{2,0}^{\max} = 4$	$\Upsilon_{2,0}^{\eta} = 1$	$1,\ldots,4$
naive Erwartungen $\gamma^c(ilmt)$	$\bar{\Omega}_{2,8}^{\min} = -32.000$, $\bar{\Omega}_{2,8}^{\max} = 32.000$	$\Upsilon_{2,8}^{\gamma^c} = 0,00003125$	$-1,\ldots,1$
gleitende Durchschnitte $\bar{\alpha}^c(ilmt)$	$\Omega_{2,9}^{\min} = 1$, $\Omega_{2,9}^{\max} = 100$	$\Upsilon_{2,9}^{\alpha^c} = 1$	$1,\ldots,100$
adaptive Erwartungen $\beta^c(ilmt)$	$\bar{\Omega}_{2,10}^{\min} = 0$, $\bar{\Omega}_{2,10}^{\max} = 32.000$	$\Upsilon_{2,10}^{\beta^c} = 0,00003125$	$0,\ldots,1$

Tabelle B.2: Charakteristika, Gewichte und Routinen im Kapitel 8

Charakteristika	$\bar{\Omega}_{mn}^{\min}, \bar{\Omega}_{mn}^{\max}$	Υ_{mn}	Wertebereich
Verfahren zur Bildung der Ertragserwartungen $\bar{\eta}(ilmt)$	$\bar{\Omega}_{m,0}^{\min} = 1$, $\bar{\Omega}_{m,0}^{\max} = 4$	$\Upsilon_{m,0}^{\eta} = 1$	1,...,4
naive Erwartungen $\gamma^c(ilmt)$	$\bar{\Omega}_{m,8}^{\min} = -32.000$, $\bar{\Omega}_{m,8}^{\max} = 32.000$	$\Upsilon_{m,8}^{\gamma^c} = 0,00003125$	$-1,\ldots,1$
gleitende Durchschnitte $\bar{\alpha}^c(ilmt)$	$\Omega_{m,9}^{\min} = 2$, $\Omega_{m,9}^{\max} = 10$	$\Upsilon_{m,9}^{\alpha^c} = 1$	$2,\ldots,10$
adaptive Erwartungen $\beta^c(ilmt)$	$\bar{\Omega}_{m,10}^{\min} = 0$, $\bar{\Omega}_{m,10}^{\max} = 32.000$	$\Upsilon_{m,10}^{\beta^c} = 0,00003125$	$0,\ldots,1$
Anzahl der Regressoren $\delta^{reg}(ilmt)$	$\Omega_{m,1}^{\min} = 1$, $\Omega_{m,1}^{\max} = 3$	$\Upsilon_{m,1}^{\delta^{reg}} = 1$	1,2,3
Indikatorindex des Regressors $\bar{\pi}_{1,2,3}^{reg}(ilmt)$	$\Omega_{m,2}^{\min} = 5$, $\Omega_{m,2}^{\max} = 10$	$\Upsilon_{m,2}^{\pi^{reg}} = 1$	$5,\ldots,10$
Lag des Regressors $\bar{\varpi}_{1,2,3}^{reg}(ilmt)$	$\Omega_{m,3}^{\min} = 0$, $\Omega_{m,3}^{\max} = 2$	$\Upsilon_{m,3}^{\varpi^{reg}} = 1$	0,1,2
Anzahl der Beobachtungen zur Schätzung der Regressionsgleichung $\bar{\alpha}^{reg}(ilmt)$	$\bar{\Omega}_{m,4}^{\min} = 30$, $\bar{\Omega}_{m,4}^{\max} = 50$	$\Upsilon_{m,4}^{\alpha^{reg}} = 1$	$30,\ldots,50$
Bestimmung der Ertragserwartung $r_\circ^e$ $\mu_s(ilt)$	$\Omega_{0,1}^{\min} = 1$, $\Omega_{0,1}^{\max} = 1$	$\Upsilon_{0,1}^{\mu_s} = 1$	1
Anzahl der Beobachtungen zur Bestimmung der Risikoerwartungen $\bar{\alpha}^{ri}(ilt)$	$\bar{\Omega}_{0,2}^{\min} = 50$, $\bar{\Omega}_{0,2}^{\max} = 50$	$\Upsilon_{0,2}^{\alpha^{ri}} = 1$	50
Verfahren zur Allokationsentscheidung $\theta(ilt)$	$\Omega_{0,3}^{\min} = 1$, $\Omega_{0,3}^{\max} = 2$	$\Upsilon_{0,3}^{\theta} = 1$	1,2
Einfluß der Standardabweichung $\alpha^{mm}(ilt)$	$\Omega_{0,4}^{\min} = 10.666$, $\Omega_{0,4}^{\max} = 32.000$	$\Upsilon_{0,4}^{\theta} = 0,000046875$	$0,5,\ldots,1,5$
Einfluß des Investitionsgrades $\beta^{mm}(ilt)$	$\Omega_{0,5}^{\min} = 5.333$, $\Omega_{0,5}^{\max} = 32.000$	$\Upsilon_{0,5}^{\theta} = 0,000009375$	$0,05,\ldots,0,3$
Anteil Aktivum $j = 0$ $\gamma^{mm}(ilt)$	$\Omega_{0,6}^{\min} = 5.333$, $\Omega_{0,6}^{\max} = 32.000$	$\Upsilon_{0,6}^{\theta} = 0,000009375$	$0,05,\ldots,0,3$
Anteil Aktivum $j = 1$ $\delta^{mm}(ilt)$	$\Omega_{0,7}^{\min} = 5.333$, $\Omega_{0,7}^{\max} = 32.000$	$\Upsilon_{0,7}^{\theta} = 0,000009375$	$0,05,\ldots,0,3$

Tabelle B.3: Charakteristika, Gewichte und Routinen im Kapitel 9 (m=2,3,4)

Anhang C

Informationsquellen

Tabelle C.1 enthält die laut DG-Bank-Konjunkturmodell erwartete Wachstumsrate des Sozialprodukts und die erwartete Inflationsrate.

Datum	BSP	Inflation
1/88	4.3%	3.6%
2/88	4.5%	3.1%
3/88	4.3%	2.9%
4/88	4.1%	2.8%
5/88	4.1%	2.8%
6/88	3.9%	2.6%
7/88	4.1%	2.7%
8/88	4.0%	2.7%
9/88	4.0%	3.0%
10/88	3.8%	3.3%
11/88	3.8%	3.3%
12/88	3.8%	3.6%
1/89	3.8%	3.9%
2/89	3.9%	4.3%
3/89	3.8%	4.7%

Tabelle C.1: DG-Bank-Konjunkturmodell

Datum	BSP	Inflation
4/89	3.1%	5.3%
5/89	3.4%	5.5%
6/89	3.2%	5.7%
7/89	3.6%	6.1%
8/89	3.2%	5.9%
9/89	2.8%	5.2%
10/89	2.8%	4.6%
11/89	2.8%	4.7%
12/89	3.2%	4.8%
1/90	3.6%	4.5%
2/90	3.4%	4.4%
3/90	3.3%	5.0%
4/90	3.0%	4.7%
5/90	2.9%	4.4%
6/90	2.8%	3.9%

Tabelle C.1: DG-Bank-Konjunkturmodell (Fortsetzung)

Datum	BSP	Inflation
7/90	2.4%	3.5%
8/90	2.0%	3.9%
9/90	2.1%	4.3%
10/90	2.0%	5.2%
11/90	2.6%	5.8%
12/90	2.8%	6.2%
1/91	2.3%	6.5%
2/91	1.7%	6.2%
3/91	1.2%	5.1%
4/91	-0.3%	4.6%
5/91	-0.7%	4.5%
6/91	-1.1%	4.2%
7/91	-2.5%	4.1%
8/91	-1.8%	3.8%
9/91	-1.7%	3.4%
10/91	-1.9%	2.7%
11/91	-1.8%	2.1%
12/91	-2.1%	2.0%
1/92	-1.5%	1.9%
2/92	-0.8%	2.1%
3/92	-0.5%	2.1%
4/92	0.2%	2.6%
5/92	0.0%	2.7%
6/92	0.1%	2.9%
7/92	0.5%	3.3%
8/92	0.9%	3.6%
9/92	2.2%	4.0%
10/92	2.9%	4.3%
11/92	3.1%	4.3%
12/92	2.8%	4.1%
1/93	2.4%	3.7%
2/93	2.0%	3.1%

Tabelle C.1: DG-Bank-Konjunkturmodell (Fortsetzung)

Datum	BSP	Inflation
3/93	2.0%	3.0%
4/93	1.5%	2.9%
5/93	1.1%	3.0%
6/93	0.8%	3.3%
7/93	0.6%	3.3%
8/93	0.0%	3.1%
9/93	-0.3%	3.0%
10/93	0.0%	2.7%
11/93	-0.1%	2.7%
12/93	0.4%	2.7%
1/94	0.9%	2.8%
2/94	1.0%	2.9%
3/94	0.6%	3.0%
4/94	0.8%	3.0%
5/94	1.2%	2.9%
6/94	1.5%	2.8%
7/94	2.7%	2.7%
8/94	3.2%	2.8%
9/94	3.3%	2.9%
10/94	3.6%	3.3%
11/94	3.2%	3.0%
12/94	2.8%	2.9%
1/95	3.0%	2.9%
2/95	2.9%	3.0%
3/95	3.5%	2.9%
4/95	3.6%	2.8%
5/95	3.9%	2.7%
6/95	3.6%	2.7%
7/95	3.3%	2.6%
8/95	2.7%	2.6%
9/95	2.7%	2.5%
10/95	2.0%	2.4%

Tabelle C.1: DG-Bank-Konjunkturmodell (Fortsetzung)

Datum	BSP	Inflation
11/95	1.6%	2.6%
12/95	1.7%	2.7%
1/96	0.7%	2.7%
2/96	1.4%	2.8%
3/96	1.7%	2.7%
4/96	2.2%	2.6%
5/96	2.3%	2.7%
6/96	2.1%	2.7%
7/96	2.4%	2.7%
8/96	2.6%	2.8%
9/96	3.1%	2.8%
10/96	3.8%	2.9%
11/96	4.7%	2.9%
12/96	4.6%	2.9%
1/97	4.8%	2.9%
2/97	4.3%	2.8%
3/97	4.4%	2.7%
4/97	4.3%	2.6%
5/97	4.5%	2.4%
6/97	4.3%	2.2%
7/97	4.7%	2.1%
8/97	4.2%	1.8%
9/97	4.0%	1.8%
10/97	3.4%	1.8%
11/97	3.3%	1.9%
12/97	3.3%	1.8%
1/98	3.8%	1.7%

Tabelle C.1: DG-Bank-Konjunkturmodell (Fortsetzung)

Anhang D

Literaturverzeichnis

Admati, A. R. (1989) Information in Financial Markets: The Rational Expectations Approach. In: Bhattacharya, S. und Constantinides, G. M. (Hrsg.) *Financial Markets and Incomplete Information.* Totowa, New Jersey: Rowman and Littlefield Publishers.

Aigner, D. J. und Goldfield, S. M. (1973) Simulation and Aggregation: A Reconsideration. *The Review of Economics and Statistics*, 114-118.

Allen, F. und Karjalainen, R. (1993) *Using Genetic Algorithms to Find Technical Trading Rules.* Arbeits-Papier, Rodney L. White Center for Financial Research, University of Pennsylvania.

Alpert, M. und Raiffa, H. (1969) A Progress Report on the Training of Probability Assessors. Nachgrdurckt in: Kahneman, D., Slovic, P. und Tversky, A. (Hrsg.) *Judgment Under Uncertainty: Heuristics and Biases.* Cambridge: Cambridge University Press.

Andreassen, P. und Kraus, S. (1987) *Intuitive Prediction by Extrapolation: The Stock Market, Exponential Growth, Divorce, and the Salience of Change.* Arbeits-Papier, Harvard University.

Arifovic, J. (1994) Genetic Algorithms Learning and the Cobweb Model. *Journal of Economic Dynamics and Control*, 18, 3-28.

Arifovic, J. (1995) Genetic Algorithms and Inflationary Economies. *Journal of Monetary Economics*, 36, 219-243.

Arifovic, J. (1996) The Behavior of the Exchange Rate in the Genetic Algorithm and Experimental Economies. *Journal of Political Economy*, 104, 510-541.

Arrow, K. J. (1971) *Essays in the Theory of Risk-Bearing.* Amsterdam: North-Holland.

Arthur, W. B., Holland, J., LeBaron, B., Palmer, R. und Tayler, P. (1997) Asset Pricing Under Endogenous Expectations in an Artificial Stock Market. In: Arthur, W. B., Durlauf, S. und Lane, D. (Hrsg.) *The Economy as an Evolving Complex System II.* Reading: Addison-Wesley, 15-44.

Barberis, N., Shleifer, A. und Vishny, R. W. (1997) *A Model of Investor Sentiment.* NBER Working Paper Series, 5926.

Blume, L. E. und Easley, D. (1982) Learning to be Rational. *Journal of Economic Theory*, 26, 340-351.

Bollerslev, T., Chou, R. Y. und Kroner, K. F. (1992) ARCH Modelling in Finance: A Review of the Theory and Empirical Evidence. *Journal of Econometrics*, 52, 5-60.

Bowden, R. J. (1984) *Convergence to 'Rational Expectations' When the System Parameters are Initially Unknown by the Forecasters.* Arbeits-Papier, University of Western Australia.

Bray, M. M. (1982) Learning, Estimation, and the Stability of Rational Expectations. *Journal of Economic Theory*, 26, 318-339.

Bray, M. M. (1985) Rational Expectations, Information and Asset Markets: An Introduction. *Oxford Economic Papers*, 37, 161-195.

Bray, M. M. und Kreps, D. M. (1986) Rational Learning and Rational Expectations. In: Heller, W., Starrett, D. und Starr, R., *Essays in Honor of K. J. Arrow.* Cambridge: Cambridge Univ. Press.

Brock, W. A., Lakonishok, J. und LeBaron, B. (1992) Simple Technical Trading Rules and the Stochastic Properties of Stock Returns. *Journal of Finance*, 47, 1731-1764.

Büning, H. und Trenkler, G. (1978) *Nichtparametrische statistische Methoden.* Berlin: Walter de Gruyter.

Cagan, P. (1956) The Monetary Dynamics of Hyperinflation. In: Friedman, M. (Hrsg.) *Studies in the Quantity Theory of Money.* Chicago: University of Chicago Press.

Carter, M. und Maddock, R. (1984) *Rational Expectations, Macroeconomics for the 1980s?* London: Macmillan.

Coche, J. (1998) An Evolutionary Approach to the Examination of Capital Market Efficiency. *Journal of Evolutionary Economics*, 8, 357-382.

Cyert, R. M. und March, J. G., (1963) *A Behavioral Theory of the Firm.* Englewood Cliffs, N. J.: Prentice-Hall.

Darwin, C. (1859) *On the Origin of Species.* London: J. Murray.

Day, R. und Huang, W. (1990) Bulls, Bears, and Market Sheep. *Journal of Economic Behavior and Organization*, 14, 299-329.

DeBondt, W. und Thaler, R. H. (1994) *Financial Decision-Making in Markets and Firms: A Behavioral Perspective.* NBER Working Paper Series, Nr. 4777.

DeLong, J. B., Shleifer, A., Summers, L. H., und Waldmann, R. J. (1990) Noise Trader Risk in Financial Markets. *Journal of Political Economy*, 98, 703-738.

DeLong, J. B., Shleifer, A., Summers, L. H., und Waldmann, R. J. (1991) The Survival of Noise Traders in Financial Markets. *Journal of Business*, 64, 1-19.

Deutsche Bundesbank (1995) Die Entwicklung des Wertpapierbesitzes in Deutschland seit Ende 1989. In: *Monatsbericht der Deutschen Bundesbank*, August 1995.

Diamond, D. W. und Verrecchia, R. E. (1981) Information Aggregation in a Noisy Rational Expectations Economy. *Journal of Financial Economics*, 9, 221-235.

Diba, B. T. und Grossman, S. J. (1988) The Theory of Rational Bubbles in Stock Prices. *The Economic Journal*, 98, 746-754.

Fama, E. F. (1970) Efficient Capital Markets: A Review of Theory and Emperical Work. *Journal of Finance*, 25, 383-417.

Fama, E. F. (1991) Efficient Capital Markets II. *Journal of Finance*, 45, 1575-1617.

Fama, E. F. und French, K. R. (1988) Permanent and Temporary Components of Stock Prices. *Journal of Political Economy*, 96, 246-273.

Fisher, I. (1930) *The Theory of Interest: as Determined by Impatience to Spend Income and Opportunity to Invest It.* Nachdruck der Ausgabe New York 1930. Philadelphia: Porcupine Press.

Fourgeaud C., Gourieroux, C. und Pradel, J. (1986) Learning Procedures and Convergence to Rationality. *Econometrica*, 54, 854-868.

Friedman, M. (1953) *The Methodology of Positive Economics.* In: drs., Essays in Positive Economics, Univ. of Chicago Press., Chicago.

Frydman, R. (1982) Towards an Understanding of Market Processes, Individual Expectations: Learning and Convergence to Rational Expectations Equilibrium. *American Economic Review*, 72, 652-668.

Grossman, S. J. (1976) On the Efficiency of Competitive Stock Markets Where Traders Have Diverse Information, *Journal of Finance*, 31, 573-585.

Grossman, S. J. (1981) An Introduction to the Theory of Rational Expectations Under Asymmetric Informations. *Review of Economic Studies*, 48, 541-559.

Grossman, S. J. und Stiglitz, J. E. (1980) On the Impossibility of Informationally Efficient Markets. *American Economic Review*, 70, 393-408.

Harrison, J. M. und Kreps, D. M. (1978) Speculative Investor Behavior in a Stock Market with Heterogenous Expectations. *Quarterly Journal of Economics*, 92, 323-336.

Harter, W., Franke, J., Hogrefe, J. und Seger, R. (1990) *Wertpapiere in Theorie und Praxis.* Stuttgart: Deutscher Sparkassenverlag.

Hellwig, M. F. (1980) On the Aggregation of Information in Competetive Markets. *Journal of Economic Theory*, 22, 477-498.

Hellwig, M. F. (1982) Rational Expectations Equilibrium with Conditioning on Past Prices: A Mean-Variance Example. *Journal of Economic Theory*, 26, 279-312.

Hicks, J. R. (1939) *Value and Capital.* Oxford: Clarendon Press.

Hoffmeister, F. und Bäck, T. (1991) *Genetic Algorithms and Evolution Strategies - Similarities and Differences.* Papers on Economic and Evolution # 9103, The European Study Group for Evolutionary Economics Univ. Dortmund.

Holland, J. H. (1975) *Adaptation in Natural and Artificial Systems.* Ann Arbor: The Univ. of Michigan Press.

Holland, J. H., Holyoak, K. J., Nisbett, R. E. und Thagard, P. R. (1986) *Induction.* Cambridge: M.I.T Press.

Jensen, M. C. (1978) Some Anomalous Evidence Regarding Market Efficiency. *Journal of Financial Economics*, 6, 95-101.

Kahneman, D. und Tversky, A. (1972) Subjective Probability: A Judgment of Representativeness. *Cognitive Psychology*, 3, 430-454.

Karaken, J. H. und Wallace, N. (1981) On the Indeterminacy of Equilibrium Exchange Rates. *Quarterly Journal of Economics*, 96, 207-222.

Koyck, L. M. (1954) *Distributed Lags and Investment Analysis.* Amsterdam: North-Holland.

Kreps, D. M. (1990) *Game theory and economic modelling.* Oxford: Clarendon.

Kwasnicki, W. und Kwasnicka, H. (1992) Market, Innovation, Competition: An Evolutionary Model of Industrial Dynamics. *Journal of Economic Behavior and Organization*, 19, 343-368.

Lane, D. A. (1993) Artificial worlds and economics, part II. *Journal of Evolutionary Economics*, 3, 177-197.

Langer, E. J. (1975) The Illusion of Control. *Journal of Personality and Social Psychology*, 32, 311-328.

LeBaron, B., Arthur, W. B., Palmer, R. (1997) *Time Series Properties of an Artificial Stock Market.* Arbeits-Papier, University of Wisconsin Graduate School.

LeRoy, S. F. (1973) Risk Aversion and the Martingale Property of Stock Prices. *International Economic Review*, 14, 436-446.

LeRoy, S. F. und Porter, R. D. (1981) The Present-Value Relation: Tests Based on Implied Variance Bounds. *Econometrica*, 49, 555-574.

Lettau, M. (1997) Explaining the Facts with Adaptive Agents: The Case of Mutual Fund Flows. *Journal of Economic Dynamics and Control*, 21, 1117-1147.

Levich, R. M. und Thomas, L. R. (1993) The Significance of Technical Trading-Rule Profits in the Foreign Exchange Market: A Bootstrap Approach. *Journal of International Money and Finance*, 12, 451-474.

Lintner, J. (1969) The Aggregation of Investors' Diverse Judgements and Preferences in Purely Competitive Security Markets. *Journal of Financial and Quantitative Analysis*, 4, 347-400.

Lo, A. W. und MacKinley, A. C. (1988) Stock Market Prices do not Follow Random Walks: Evidence from a Simple Specification Test. *Review of Financial Studies*, 1, 41-66.

Lowenstein, L. (1988) *What's Wrong With Wall Street.* New York, Addison-Wesley.

Lucas, R. E. (1972) Expectations and the Neutrality of Money. *Journal of Economic Theory*, 4, 103-124.

Lucas, R. E. (1978) Asset Prices in an Exchange Economy. *Econometrica*, 46, 1429-1445.

Lux, T. (1997) *Volatility Clustering in Financial Markets: A Micro-Simulation of Interactive Agents.* Arbeits-Papier, Universität Bamberg.

Marengo, L. und Tordjman, H. (1996) Speculation, Heterogeneity and Learning: A Simulation Model of Exchange Rates Dynamics. *Kyklos*, 49, 407-438.

Markowitz, H. M. (1987) *Mean-Variance Analysis in Portfolio Choice and Capital Markets.* Oxford: Basil Blackwell.

Milgrom, P., und Stokey, N. (1982) Information, Trade and Common Knowledge. *Journal of Economic Theory*, 26, 17-27.

Muth, J. F. (1960) Optimal Properties of Exponentially Weighted Forecasts. *Journal of the American Statistical Association*, 55, 299-306.

Muth, J. F. (1961) Rational Expectations and the Theory of Price Movements. *Econometrica*, 29, 1-23.

Nelson, R. R. und Winter, S. G. (1977) Simulation of Schumpeterian Competition. *American Economic Review, Papers and Proceedings*, 67, 271-276.

Nelson, R. R. und Winter, S. G. (1982) *An Evolutionary Theory of Economic Change.* Cambridge: Harvard University Press.

Nerlove, M. (1958) Adaptive Expectations and Cobweb Phenomena, *Quarterly Journal of Economics*, 72, 227-240.

Pesaran, M. H. (1987) *The Limits to Rational Expectations.* Oxford: Basil Blackwell.

Pratt, J. W. (1964) Risk Aversion in the Small and in the Large. *Econometrica*, 32, 122-136.

Radner, R. (1982) Equilibrium under Uncertainty. In: Arrow, K. J. und Intriligator, M. D. (Hrsg.), *Handbook of Mathematical Economics*, Vol. 2. Amsterdam: North-Holland.

Rechenberg, I. (1973) *Evolutionsstrategie: Optimierung technischer Systeme nach Prinzipien der biologischen Evolution.* Stuttgart: Frommann-Holzboog.

Rieck, C. (1994) *Evolutionary Simulation of Asset Trading Strategies.* Arbeits-Papier, Univ. Gießen.

Schöneburg, E., Heinzmann, F. und Feddersen, S. (1994) *Genetische Algorithmen und Evolutionsstrategien: Eine Einführung in Theorie und Praxis der simulierten Evolution.* Bonn: Addison-Wesley.

Shiller, R. J. (1979) The Volatility of Long-Term Interest Rates and Expectations Models of the Termstructure, *Journal of Political Economy*, 87, 1190-1219.

Shiller, R. J. (1981) Do Stock Prices Move too Much to be Justified by Subsequent Changes in Dividends?. *American Economic Review*, 71, 421-436.

Shiller, R. J. (1989) *Market Volatility.* Cambridge: M.I.T. Press.

Shiller, R. J. (1990) Speculative Prices and Popular Models. *Journal of Economic Perspectives*, 4, S. 55-65.

Shiller, R. J. (1997) *Human Behavior and the Efficiency of the Financial System.* Diskussions-Papier, Federal Reserve Bank of New York.

Shiller, R. J., Kon-Ya, F. und Tsutsui, Y. (1989) *Investor Behavior in the October 1987 Stock Market Crash: The Case of Japan.* Arbeits-Papier, Yale University.

Shleifer, A. und Summers, L. (1990) The Noise Trader Approach to Finance. *Journal of Econometrics*, 4 19-23.

Simon, H. A. (1967) Theories of Decision Making in Economics and Behavioral Science. In: Robinson, E. A. (Hrsg.) *Surveys of Economic Theory*, Vol. III, Resource Allocation. London: MacMillan.

Smith, V. L., Suchaneck, G. L. und Williams, A. W. (1988) Bubbles, Crashes and Endogenous Expectations in Experimental Spot Asset Markets. *Econometrica*, 56, 1119-1151.

Steiglitz, K., Honig, M. L. und Cohen, L. M. (1996) A Computational Market Model Based on Individual Action. In: Clearwater, S. H. (Hrsg.) *Market-Based Control: A Paradigm for Distributed Resource Allocation.* New Jersey: World Scientific, S. 1-27.

Sweeney, R. J. (1986) Beating the Foreign Exchange Market. *Journal of Finance*, 41, 163-182.

Sweeney, R. J. (1988) Some new Filter Rule Tests: Methods and Results. *Journal of Financial and Quantitative Analysis*, 23, 285-300.

Taylor, M. P. und Allen, H. (1992) The Use of Technical Analysis in the Foreign Exchange Market. *Journal of International Money and Finance*, 11, 304-314.

Taylor, S. J. (1992) Rewards Available to Currency Futures Speculators: Compensation for Risk or Evidence of Inefficient Pricing? *Economic Record*, 68, 105-116.

Tirole, J. (1982) On the Possibility of Speculation Under Rational Expectations. *Econometrica*, 50, 1163-1181.

Tversky, A. und Kahneman, D. (1971) The Belief in the „Law of Small Numbers". *Psychological Bulletin*, 76, 105-110.

Tversky, A. und Kahneman, D. (1974) Judgment Under Uncertainty: Heuristics and Biases. *Science*, 185, 1124-1131.

Wang, J. (1993) A Model of Intertemporal Asset Prices Under Asymmetric Information. *The Review of Economic Studies*, 60, 249-282.

Winter, S. G. (1971) Satisficing, Selection, and the Innovating Remnant. *Quarterly Journal of Economics*, 85, 237-261.

Winter, S. G. (1975) Optimization and Evolution in the Theory of the Firm. In: Day, R. H. und Groves, T. (Hrsg.) *Adaptive Economic Models.* New York: Wiley.

Witt, U. (1987) Individualistische Grundlagen der evolutorischen Ökonomik. Tübingen: Mohr.

Zellner, A. (1971) *An Introduction to Bayesian Inference in Econometrics.* New York: Wiley.

Kolibri 360 GmbH
Ferdinand-Jühlke-Straße 7
99095 Erfurt, Deutschland
produktsicherheit@kolibri360.de

Druck:
CPI Druckdienstleistungen GmbH
im Auftrag der
Kolibri 360 GmbH
Ferdinand-Jühlke-Str. 7
99095 Erfurt